Lesen
Staunen
Wissen

Cornelia Panzacchi

Pferde

Herkunft, Haltung, Rassen, Reitsport

Illustrationen von Anne Bernhardi

GERSTENBERG

Galopp üben mit Mama: Fohlen lernen von ihren Müttern,
was sie im späteren Leben brauchen.

Lesen
Staunen
Wissen

Cornelia Panzacchi, geb. 1959, hat nach ihrem Studium der Völkerkunde
und Volkskunde ihr Hobby zum Beruf gemacht und einen eigenen
Reithof betrieben. Die begeisterte Reiterin hat bereits mehrere Bücher
zum Thema Pferde und Reitsport veröffentlicht.

Herzlichen Dank an Elke Schulz und Gabriela Rössig, beide Hildesheim,
für die fachkundige Durchsicht des Manuskripts und an das Island-
pferdegestüt Basselthof in Isernhagen für die freundliche Unterstützung.

Karte Peter Palm, Berlin
Einband, **Gestaltung**, **Satz**
Farnschläder & Mahlstedt, Hamburg
Druck Offizin Andersen Nexö, Zwenkau
Printed in Germany
www.gerstenberg-verlag.de
ISBN 978-3-8369-5574-4

FSC
www.fsc.org
MIX
Papier aus ver-
antwortungsvollen
Quellen
FSC® C012425

Inhalt

Über Stock und Stein: Das Reiten im Gelände erfordert einiges Können.

Von Pferden und Menschen

Warum begeistern sich so viele Menschen für Pferde? »Weil sie so schön sind«, werden manche sagen. »Weil sie so stark und schnell sind«, sagen sicher andere. »Weil ich gerne mit ihnen zusammen bin und Reiten toll finde«, würdest du vielleicht antworten. Oder auch: »Weil sie etwas ganz Besonderes an sich haben.«

In diesem Buch wollen wir uns Pferde einmal genauer ansehen. Wir werden viel Interessantes und Wissenswertes über sie erfahren und vielleicht auch etwas von dem entdecken, was an ihnen so besonders ist.

Der Begriff »Pferd« bedeutet in der Fachsprache der Biologen übrigens zweierlei: Zum einen bezeichnet er die Familie von Arten, der das Hauspferd angehört. Die anderen Mitglieder der Familie, seine nächsten Verwandten, sind die Hausesel, die Wildesel und die Zebras. Zum anderen ist »Pferd« der Name der Art, deren wissenschaftlicher Name *Equus caballus* lautet. Alle Vertreter der Art »Pferd« haben einige besondere Merkmale gemeinsam: Sie alle laufen auf vier Hufen und jeder ihrer Hufe ist nichts anderes als der Zehennagel eines im Laufe der Evolution übrig gebliebenen Zehs. Sie alle leben in Herden, sind Fluchttiere und sehr schnell. Und sie alle sind reine Pflanzenfresser, die sich in freier Natur hauptsächlich von Gräsern und Kräutern ernähren.

Zahme Pferde und Esel, die sogenannten Hauspferde und Hausesel, haben aber auch nichts dagegen, von uns gelegentlich eine Möhre, einen Apfel oder ein Stück hartes Brot zu bekommen. Denn sie sind schon seit Jahrhunderten an uns gewöhnt und verdanken ihr Aussehen zum Teil den Menschen, die sie züchteten.

Was ist ein Pferd?

Hengst und Wallach Warum werden die meisten jungen Hengste kastriert? Der Grund dafür ist, dass ein Hengst sehr stark von seinen Instinkten geleitet wird. Er will Stuten um sich scharen, sich mit ihnen paaren und andere männliche Pferde verjagen. Das macht es schwer, einen Hengst auf einem Reithof zusammen mit anderen Pferden zu halten. Problemlos sind Hengste im Umgang meist dort, wo es keine Stuten gibt, um die sie kämpfen können. Dann lassen sie sich auch in Herden von männlichen Tieren halten.

Wenige Minuten nach der Geburt: Stute und Fohlen sind erschöpft, aber bald wird das Neugeborene das Euter der Mutter suchen.

Fohlen brauchen das Spiel mit Artgenossen für ihre Entwicklung. Sie üben dabei das Sozialverhalten ein und kräftigen ihre Muskeln.

Anatomie Wie du auf dem Röntgenbild unten rechts erkennen kannst, haben Pferde eigentlich dieselben Knochen und Gelenke wie wir – mit einer Ausnahme: Pferde besitzen keine Schlüsselbeine. Ihre Oberarm- und Oberschenkelknochen sind auffallend kurz, Unterarm- und Unterschenkelknochen lang. Deshalb sitzen Ellenbogen und Knie viel näher am Leib als bei uns. Und dann unterscheidet sie von uns natürlich, dass sie auf vier Zehenspitzen laufen.

Vom Schweif bis zu den Nüstern

Wie würdest du ein Pferd beschreiben? Es ist ein großes Säugetier? Stimmt! Es ist ein Pflanzenfresser? Wieder richtig! Hmmm ... und was noch?

Pferde sind Einzeher, das wissen wir auch schon. Und sie ernähren sich vorwiegend von frischem Gras oder Heu (getrocknetem Gras), das sie gut verwerten können, weil sie einen sehr langen Darm besitzen.

Ein weibliches Pferd nennt man Stute, ein männliches Pferd Hengst. Aber was ist ein Wallach? Das ist ein kastriertes männliches Pferd.

Hengste und Stuten paaren sich – auch in menschlicher Obhut – meist im Frühjahr. Elf Monate später werden die Fohlen geboren. Gewöhnlich bringt eine Stute nur ein Fohlen zur Welt, Zwillinge sind selten. Nach der Geburt leckt die Stute ihr Kind sauber. Innerhalb weniger Stunden steht das Fohlen auf und stakst unsicher zum Euter der Mutter. Wild lebende Stuten suchen sich kurz vor der Geburt ein ruhiges Fleckchen und schließen sich erst ein paar Tage später mit ihrem Nachwuchs wieder der Herde an.

Weitgehend ausgewachsen sind Pferde – je nach Rasse – mit ungefähr drei oder vier Jahren. In diesem Alter können sie auch eingeritten oder eingefahren (das heißt: an Geschirr und Wagen gewöhnt) werden.

Ein gesundes Pferd kann über 20 Jahre alt werden. Ponys sind noch langlebiger und werden auch schon mal 30 Jahre alt und älter.

Pferdekörper von außen

Mähne · Schopf · Widerrist · Stirn · Rücken · Kruppe · Lende · Nüster · Schweifrübe · Kehle · Maul · Hals · Ganasche · Flanke · Brust · Schweif · Schulter · Knie · Ellenbogen · Sprunggelenk · Vorderfußwurzelgelenk · Kastanie · Fesselkopf · Fessel · Huf

Bei Islandpferden kommen alle Fellfarben vor – außer Tigerschecken.

Das Fell Im Frühjahr und Herbst machen Pferde einen Fellwechsel durch: Im Herbst bekommen sie eine dichte Unterwolle und längeres Deckhaar, im Frühjahr das kurze, glatte Sommerfell.

Schimmel sind die einzigen Pferde, deren Fellfarbe sich im Laufe des Lebens verändert: Sie kommen zumeist als Rappen zur Welt und in den folgenden Monaten und Jahren werden Fell und Langhaar (das sind die Haare von Schweif und Mähne) allmählich weiß. Als »Rappe« bezeichnet man – klar – ein schwarzes Pferd. Ein »Brauner« hat ein braunes Fell und zumeist schwarzes Langhaar. Ein Fuchs hat ein helleres braunes oder rotbraunes Fell und sein Langhaar hat dieselbe Farbe oder ist heller – beim sogenannten Lichtfuchs ist es ganz hell. Ein »Falbe« hat ein helles, beige- oder goldfarbenes Fell und schwarzes Langhaar oder Langhaar mit »Strähnchen«, beim ebenfalls beigen isabellfarbenen Pferd, im Englischen »Palomino« genannt, ist das Langhaar cremefarben. Ein dunkles Pferd mit heller Mähne und Schweif bezeichnet man als windfarben.

Gestreifte Pferde gibt es nicht, aber gefleckte. Da wären zum einen die Schecken, je nach Farbe Rappschecken, Braunschecken und Fuchsschecken. Pferde mit kleinen Tupfen nennt man Tigerschecken. Ein Schimmel mit weißen oder braunen Punkten ist ein »Fliegenschimmel«.

Abzeichen Die weißen Flecken an Kopf und Beinen nennt man Abzeichen. Weil sie bei jedem Pferd ein bisschen anders aussehen, erwähnt man sie, wenn man ein Pferd genauer beschreiben will, und deshalb haben die verschiedenen Typen von Abzeichen Namen.

Je nach Größe und Position eines weißen Flecks vorne am Kopf nennt man diesen Blesse (1), Strich (2), Stern (3), Flocke (4) oder Schnippe (2 und 3). Bei weißen Flecken an den Beinen sagt man z. B. Ballen weiß oder Fessel weiß. Reicht der weiße Fleck weit hinauf, sagt man, das Pferd ist »gestiefelt«.

Pippis Pferd Kleiner Onkel war im Film *Pippi Langstrumpf* (Regie: Olle Hellbom. Schweden/Deutschland 1968/69) ein Schimmel mit aufgemalten Punkten. Manche Pferderassen haben auch von Natur aus braune oder schwarze Flecken.

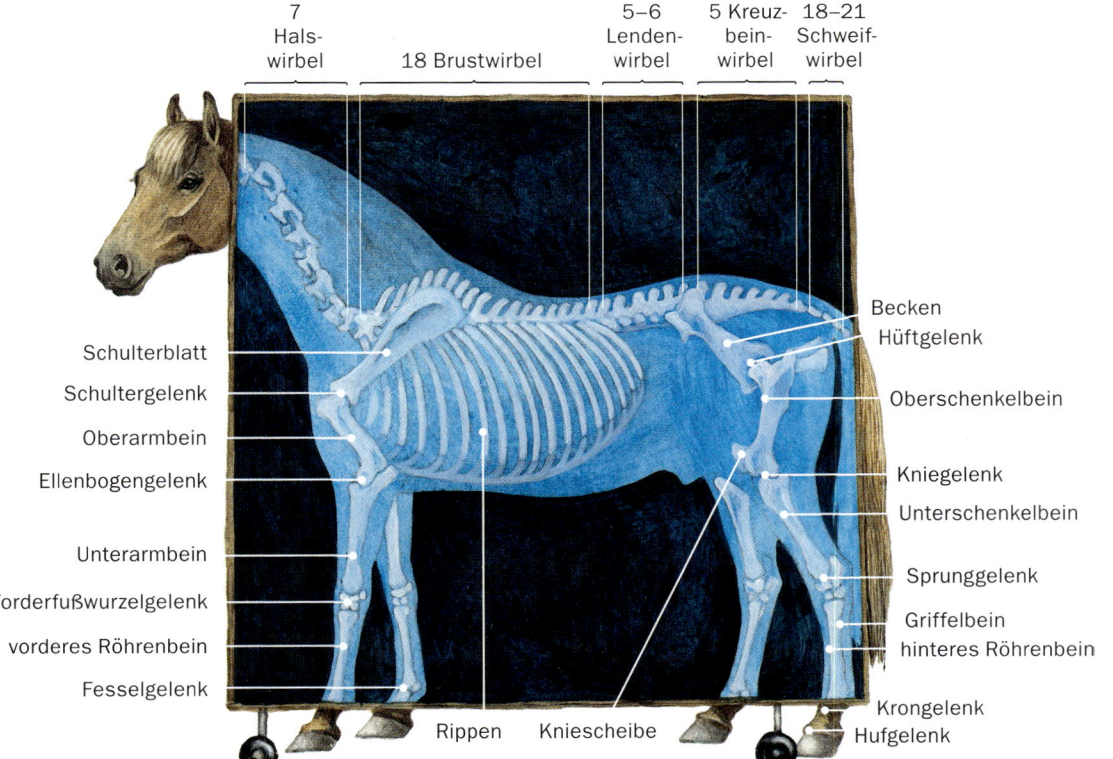

| 7 Halswirbel | 18 Brustwirbel | 5–6 Lendenwirbel | 5 Kreuzbeinwirbel | 18–21 Schweifwirbel |

Schulterblatt
Schultergelenk
Oberarmbein
Ellenbogengelenk
Unterarmbein
Vorderfußwurzelgelenk
vorderes Röhrenbein
Fesselgelenk

Rippen Kniescheibe

Becken
Hüftgelenk
Oberschenkelbein
Kniegelenk
Unterschenkelbein
Sprunggelenk
Griffelbein
hinteres Röhrenbein
Krongelenk
Hufgelenk

Röntgenbild von einem Pferd

Pflege

Schweif und Mähne kämmt man sehr behutsam, um keine Haare herauszureißen.

Knabbern ist angenehm und verstärkt die Bindungen zwischen Weidekumpeln und somit den Zusammenhalt in der Herde.

Wenn sie das Gewässer kennen, gehen Pferde gerne ins Wasser und planschen darin herum.

Warum man sein Pferd putzen sollte

Frei lebende Pferde kümmern sich um ihre Körperpflege selbst. Sie scheuern sich an Bäumen, wälzen sich im Gras oder Sand und beknabbern sich gegenseitig den Mähnenkamm. Wenn sie dann auch noch gelegentlich in Gewässern »baden gehen« oder im Regen »duschen« können, hält sich der Befall mit Hautparasiten wie Räudemilben und Haarlingen in Grenzen. Und weil sie beim Grasen immer weiter gehen und von Weide zu Weide laufen, nutzen sich die stetig nachwachsenden Hufe ab und werden nicht zu lang.

Das hilft, wenn der Rücken juckt!

Wenn das so ist, warum putzen dann Reiter ihre Pferde bei jedem Stallbesuch? Und warum tragen so viele Pferde Hufeisen?

Pferde, die in Boxen leben, haben nicht den ganzen Tag über Gelegenheit, sich nach Lust und Laune zu wälzen, sich an Baumstämmen zu scheuern und sich von Herdenkumpeln beknabbern zu lassen. Außerdem ist es wichtig, dass das Fell unter Satteldecke, Zaumzeug oder Geschirr frei von Sand und verklebten Stellen ist, denn sonst würde sich die Haut wund scheuern. Außerdem sieht ein gut geputztes Pferd natürlich schicker aus als eines, dem man noch ansehen kann, wo es sich das letzte Mal gewälzt hat.

So putzt man ein Pferd Für das Putzen gibt es eigenes »Werkzeug«. Am wichtigsten sind Striegel, Kardätsche, Mähnenbürste und Hufkratzer. Mit dem Striegel wird zunächst in kreisförmigen Bewegungen der Schmutz gelöst und dann mit der Kardätsche aus dem Fell gebürstet. Zwischendurch streift man die Kardätsche immer wieder am Striegel ab und klopft diesen dann am Boden aus. Mit der Mähnenbürste kämmt man Schweif und Mähne. Allerdings muss man dabei vorsichtig vorgehen, um die langen Haare nicht auszureißen. Der Hufkratzer ist dazu da, um aus den Zwischenräumen zwischen Strahl und Hufsohle Erde und Schmutz zu entfernen und um die weichere weiße Linie, die sich um den Huf zieht, von eingetretenen Steinchen zu befreien.

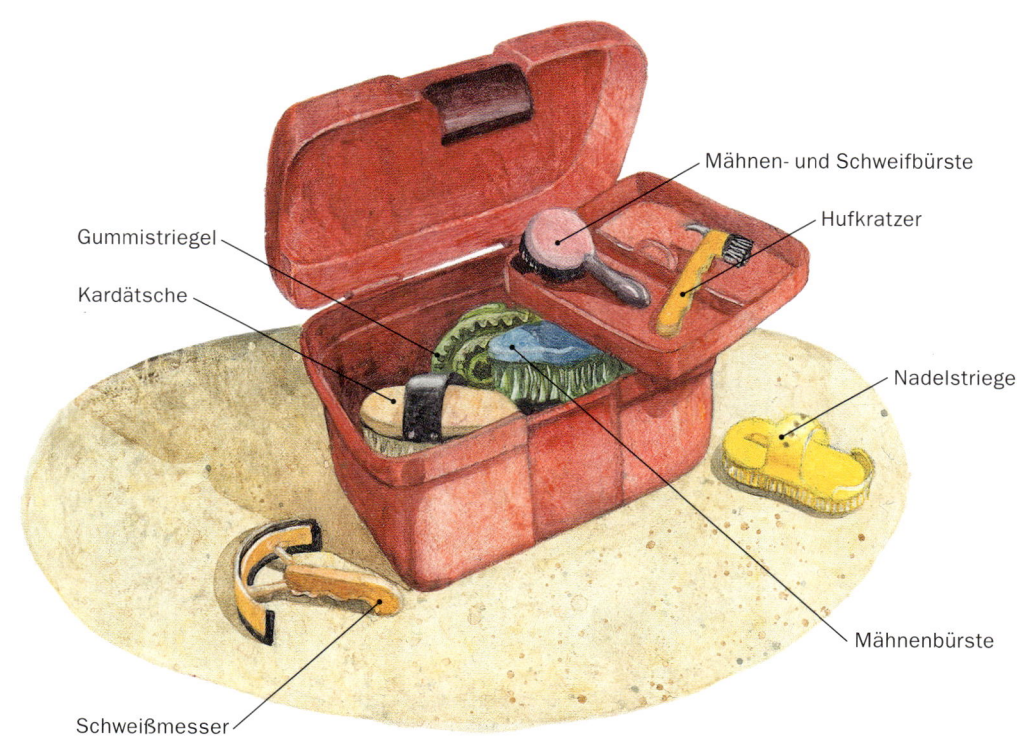

Mähnen- und Schweifbürste

Hufkratzer

Gummistriegel

Kardätsche

Nadelstriegel

Mähnenbürste

Schweißmesser

Hufpflege Um die Hufe kümmert sich bei allen Pferden in Menschenobhut der Hufschmied. Er besitzt eine besondere Ausbildung und kann deshalb beurteilen, ob ein Pferd Hufeisen braucht und wenn ja, welche. Er muss die Hufe in bestimmten Abständen zurückschneiden und sieht dabei auch, ob sich das Pferd im Hufbereich verletzt hat. »Ohne Huf kein Pferd«, sagen alte Stallmeister, und das stimmt auch, denn erwachsene Pferde verbringen ihr Leben überwiegend stehend und laufend und deshalb müssen ihre Hufe gut in Schuss sein. Nur Fohlen liegen gern längere Zeit, erwachsene Pferde sind dafür zu schwer. Alte Pferde legen sich seltener und kürzer nieder.

Gesundheitsvorsorge Ein weiterer wichtiger Mensch im Leben aller Pferde, die in Ställen oder auf eingezäunten Weiden leben, ist neben seinem Reiter und dem Schmied der Tierarzt. Alle Pferde, vom neugeborenen Fohlen bis zum Pferdeopa, sollten nämlich regelmäßig geimpft werden. Zudem kontrolliert der Tierarzt etwa einmal im Jahr die Zähne und feilt sie zurecht, wenn sie ungleich abgenutzt sind. Natürlich ist er auch für die Behandlung von Krankheiten und Verletzungen zuständig und überwacht die Trächtigkeit der Stuten.

Prima zum Scheuern: eine Bürste an einem Pfosten

Besonders wichtig für die Gesundheit der Pferde sind ferner die Wurmkuren. Sie werden mehrmals im Jahr verabreicht und befreien die Pferde von Würmern im Verdauungstrakt. Diese Parasiten verhindern nämlich, dass der Körper des Pferdes die aufgenommene Nahrung gut verwerten kann.

Der Pferdehuf Beim Säubern der Hufe ist es wichtig, die einzelnen Teile der Hufsohle zu kennen und zu wissen, wie empfindlich sie sind. Die Hufwand ist mit dem Ende unserer Fingernägel zu vergleichen. Sie kann vom Schmied in Form geschnitten werden, ohne dass es dem Pferd weh tut. Direkt dahinter verläuft die weiße Linie, in die sich unbeschlagene Pferden oft Steinchen hineintreten. Diese müssen beim Säubern der Hufe entfernt werden. Der V-förmige Strahl ist druck- und schmerzempfindlich. Deswegen geht man beim Auskratzen der Strahlfurchen behutsam vor.

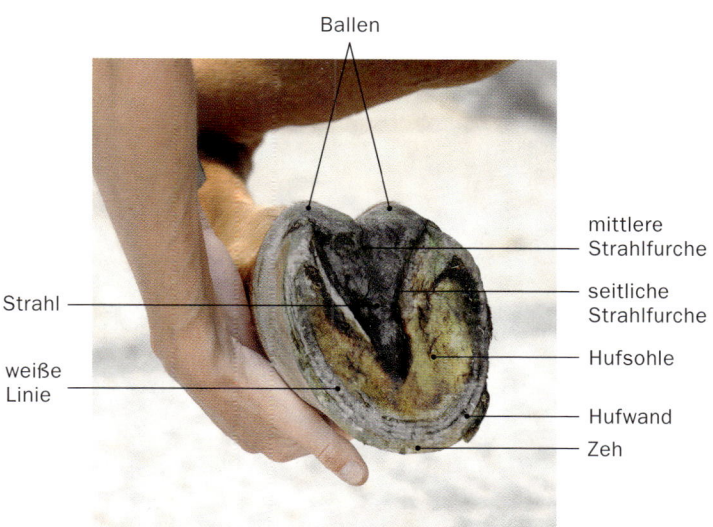

Ballen
mittlere Strahlfurche
seitliche Strahlfurche
Strahl
Hufsohle
weiße Linie
Hufwand
Zeh

Der Huf von unten

Beim Auskratzen der Hufe werden die vier Hufe nacheinander gehalten und gesäubert. Wenn sie die Prozedur kennen, heben viele Pferde die Hufe schon von selbst.

Ein Putzkasten und die wichtigsten »Werkzeuge« für die Pferdepflege

Was ein Pferd zum Leben braucht

Praktisch: So bleibt das Heu im Auslauf bei jedem Wetter trocken und die Pferde können davon fressen, wann immer sie Hunger haben.

Vorsicht! Giftig!

Hahnenfuß

Herbstzeitlose

Thuja

Eibe

Auf der Weide blühen im Sommer mitunter gelber Hahnenfuß und im Herbst hellviolette Herbstzeitlose. Normalerweise grasen die Pferde feinsäuberlich drumherum und lassen die giftigen Pflanzen stehen. Vorsicht ist trotzdem geboten – ebenso wie bei den Farnen. Manche Farnarten wirken nur abführend, andere sind gefährlicher und deshalb darf man Pferde bei Spaziergängen und Ausritten nicht davon naschen lassen. Auch von Gartenhecken sollten sich Pferde fernhalten: Viele beliebte Heckenpflanzen wie z. B. Thuja, Buchs, Liguster und Eibe sind hochgiftig – auch für uns Menschen!

Frisches Gras – das Höchste für ein Pferd!

Rundum gesund

Ernährung »Ich habe Hunger wie ein Pferd«, heißt es manchmal. Aber ob ein Mensch wirklich so viel wie ein hungriges Pferd zu sich nehmen kann, ist zu bezweifeln. Ein paar Kilo frisches Gras oder Heu pro Mahlzeit kann ein Pferd problemlos vertilgen. Heu, das neben Futterstroh zur Kategorie Raufutter zählt, bekommt ein aufgestalltes (d. h. im Stall lebendes) Pferd zwei- bis dreimal am Tag vorgelegt. Dazu gibt es Kraftfutter: Hafer, mitunter auch Gerste oder Mais, als ganze Körner, zu Flocken gequetscht oder auch in Form von Pellets. Das sind Presslinge aus Getreidemehl, Melasse und Mineralstoffen. Das Kraftfutter kann auch ein Müsli sein, und da gibt es die unterschiedlichsten Mischungen für junge oder alte Pferde, für Pferde, die viel oder wenig arbeiten müssen, für tragende Stuten und für bestimmte Rassen. Zusätzlich erhalten Pferde auch die für sie notwendigen Mineralien in Form von Mineralfutter oder als Leckstein. Das sogenannte Saftfutter rundet den Speiseplan ab: Im Sommer besteht es aus Gras, das Pferde für ihr Leben gerne frisch von der Weide weg fressen, im Winter aus Rüben, Möhren oder Äpfeln.

Hafer (das gebräuchlichste Kraftfutter), Pellets und Gerste

Wer viel isst, trinkt auch viel: Ein erwachsenes Pferd, das jeden Tag 6 Kilo Heu und – bei leichter Arbeit – 1,5 Kilo Kraftfutter verdrückt, benötigt knapp 40 Liter Wasser. An heißen Tagen braucht es natürlich mehr.

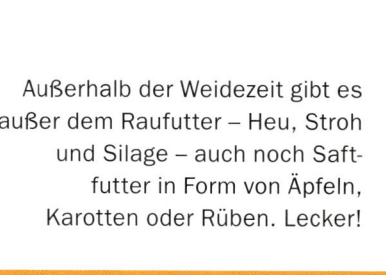

Außerhalb der Weidezeit gibt es außer dem Raufutter – Heu, Stroh und Silage – auch noch Saftfutter in Form von Äpfeln, Karotten oder Rüben. Lecker!

Bewegung Frei lebende Pferde haben den ganzen Tag Gelegenheit, sich zu bewegen. Am liebsten tun sie es beim Grasen. Wenn du sie dabei beobachtest, siehst du, wie sie während des Gräserzupfens langsam, aber stetig weiterwandern. Gelegentlich rasen sie ganz unvermittelt los und machen dabei vielleicht auch ein paar wilde Luftsprünge, weil sie plötzlich Lust bekommen haben, sich auszutoben.

Dieses Verhalten vermittelt einen guten Eindruck von den Bedürfnissen der Pferde, was Bewegung angeht: Sie brauchen viel davon, laufen aber auf langen Strecken eher langsam und galoppieren nie lange schnell.

Bewegung muss also sein. Nur wenn ein Pferd regelmäßig Gelegenheit hat zu laufen, bleibt es gesund. Denn beim Laufen wird der Körper gleichmäßig durchblutet, die Lunge wird regelrecht durchgelüftet und das Pferd fühlt sich hinterher rundum wohl – und zeigt das an, indem es zufrieden schnaubt.

Außer dem allgemeinen Wohlbefinden dient Bewegung – genauso wie bei uns – auch dazu, den Körper stark und ausdauernd zu machen. Daher geht das Einreiten der Pferde auch mit einem gezielten Muskelaufbautraining einher. Mehr dazu kannst du auf S. 12–13 nachlesen.

Nur Fohlen können längere Zeit liegen. Erwachsene Pferde dösen meist im Stehen.

Ein Pferdetag Hast du dich schon mal gefragt, was Pferde den ganzen Tag so machen? Ebenso wie wir und wie alle anderen Tiere müssen Pferde natürlich schlafen. Aber sie schlafen ganz anders als wir. Erwachsene Pferde verbringen nur kurze Phasen auf der Seite liegend im Tiefschlaf. Dafür ruhen sie immer wieder mal mit untergezogenen Beinen am Boden. Die längsten Ruhephasen verbringen Pferde im Stehen: Sie dösen mit geschlossenen oder halb geschlossenen Augen und entlasten abwechselnd jeweils ein Bein. Ungefähr sieben bis neun Stunden schläft, döst und schlummert ein Pferd pro Tag. Gut und gerne fünf bis sieben Stunden kann es mit dem Abweiden von Gras oder dem Fressen von Raufutter verbringen. Die übrigen acht bis zwölf Stunden hat es Zeit, herumzutoben, umherzuwandern oder sich mit seinen Artgenossen zu beschäftigen – und vielleicht auch mit uns, wenn wir gerade zur Stelle sind.

Um gesund zu bleiben, benötigt ein Pferd nicht nur gutes, nährstoffreiches Futter und sauberes Wasser, sondern auch ausreichend Bewegung.

Ausbildung und Training

Jungpferdeausbildung Das Training der Jungpferde erfolgt in mehreren Schritten. Erste wichtige Übung: brav und geduldig am Anbindebalken stehen (1). Für ein junges Pferd gar nicht so einfach! Als nächstes lernt das Pferd, auf seine Ausbilderin zu hören und Kommandos wie »Komm« und »Halt« zu verstehen (2 und 3). Nächster großer Schritt: das Longieren. Dazu wird ein Kappzaum angelegt, eine gebisslose Zäumung. Sie ermöglicht, Longe oder Führleine an Metallösen am Nasenriemen einzuhängen (4). Das erste Anlongieren ist ganz schön aufregend! (5). Schließlich wird das Pferd an den Sattel gewöhnt (6) und mit Sattel longiert (7). Das erste Aufsitzen erfolgt ganz vorsichtig und mit erfahrener Hilfe (8). Das Pferd lernt in der Regel erstaunlich schnell: Nach etwa acht Wochen kann es selbstständig geritten werden (9).

Was ein Pferd lernen sollte

Zunächst müssen Pferde lernen, sich ein Halfter anlegen und führen zu lassen. Außerdem müssen sie brav die Hufe geben und sich benehmen, wenn sich Pfleger, Trainer, Schmied und Tierarzt mit ihnen beschäftigen. Vernünftige Züchter bringen ihren Schützlingen all das bereits im Fohlenalter bei und gewöhnen sie außerdem an viele Dinge, denen sie im Laufe ihres Lebens immer wieder begegnen werden: an Menschen und Hunde, Autos und Traktoren und so manches mehr, was einem unerfahrenen Pferd Angst machen könnte.

Wenn sie sich selbst überlassen sind und tun dürfen, was sie wollen, laufen Pferde so, wie sie gerade Lust haben – die Hinterbeine immer ein bisschen schief gesetzt, um sich nicht selbst in die Vorderbeine zu treten. Ein Pferd, das seine Ausbildung als Reit- oder Fahrpferd beginnt, muss deshalb erst einmal lernen, gerade zu gehen. Das ist schwieriger, als es sich anhört! Die meisten Pferde sind zu Beginn ihrer Ausbildung drei bis vier Jahre alt. Dann sind sie kräftig genug, einen Reiter zu tragen und sich mit dessen Gewicht auszubalancieren. Zusätzlich werden die Muskeln des Pferdes gezielt trainiert. Das geschieht u. a. dadurch, dass sein Ausbilder es longiert und mit ihm Übungen macht, die die Muskulatur, vor allem die Rückenmuskeln des Pferdes, dehnen und stärken.

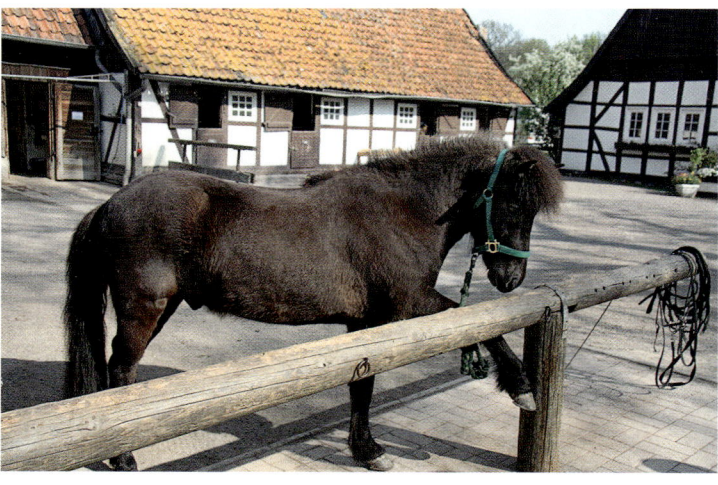

1

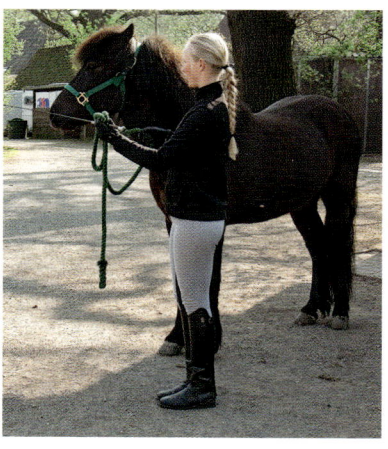

2

3

4

5

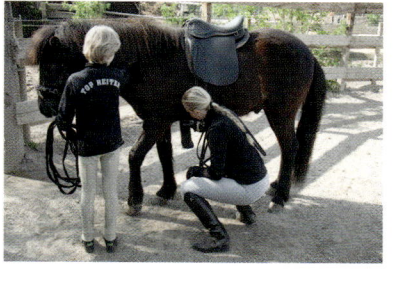

6

7

8

9

Haltungsformen Während die Pferde früher in den Ställen nur wenig Platz zur Verfügung hatten und dort manchmal sogar angebunden stehen mussten, werden ihre Bedürfnisse beim Stallbau heutzutage besser berücksichtigt. Wohl am häufigsten anzutreffen ist die Box: Jedes Pferd hat sozusagen ein eigenes Zimmer. Es ist ungefähr 3 × 3 Meter groß und von der Stallgasse durch eine Wand mit Schiebetür abgetrennt, die unten aus dicken Brettern und oben aus Gittern besteht. Idealerweise gibt es auf der anderen Seite der Box ein Fenster mit Blick nach draußen. Die Ausstattung sollte aus einer Krippe für das Kraftfutter und einer Selbsttränke bestehen (einer an die Wasserleitung angeschlossenen Tränke, aus der das Pferd so viel trinken kann, wie es mag). Manche Boxen verfügen über einen angeschlossenen kleinen Auslauf, den Paddock. Pferde können aber auch zu mehreren untergebracht sein: in einem Laufstall, aus dem sie morgens auf eine Weide oder in einen Auslauf geführt werden, oder in einem Offenstall, bei dem sie selbst bestimmen können, wann sie draußen und wann sie drinnen sein wollen.

Durch die Fenster ihrer Außenboxen können die Pferde hinausschauen.

Camping für Pferde Vielleicht hast du so einen Unterstand schon mal gesehen: Er ist gar kein richtiger Pferdestall, sondern nur eine Art Hütte mit einer oder drei offenen Seiten. So ein Unterstand steht gewöhnlich auf einer sehr großen Weide, und die Pferde, die dort umherlaufen, sehen oft ein bisschen wild aus. Es handelt sich um Pferde in sogenannter Robusthaltung. Robust heißt »widerstandsfähig«. Diese Form der Haltung eignet sich in unseren Breiten vor allem für Ponys, die gut mit kühlem und feuchtem Wetter zurechtkommen. Sie ernähren sich hauptsächlich vom Gras ihrer Weide, werden aber zusätzlich mit Wasser, Mineralfutter oder Lecksteinen und bei Bedarf mit Heu versorgt.

Ein geschützter Platz bei Schnee und Regen

Fressstände

Tränke

Heuraufe

Sicher der Traum vieler Pferde: ein Offenstall. Hier ist für alles Platz: Fressen, Ausruhen und Spielen mit den Kumpels.

Leben in der Herde

Wenn ein neues Pferd in die Herde kommt, wird erst einmal die Rangordnung geklärt.

Der erste Schritt beim Kennenlernen: gegenseitiges Beschnuppern

Pferdesprache

1 Vorgereckter Kopf, vorgestreckte Lippen, halb geschlossene Augen: Auf diese Weise fordern Pferde Weidekumpel zum gegenseitigen Putzen auf.

2 Angelegte Ohren, geöffnetes Maul mit gebleckten Zähnen: eine deutliche Drohung.

3 Der Kopf ist dem Menschen, den das Pferd anschaut, entgegengestreckt, die Ohren sind nach vorne gerichtet, der Blick und der ganze Gesichtsausdruck drücken freundliches Interesse aus: Diesem Pferd kann man sich unbesorgt nähern.

4 Hängende Ohren und Unterlippe, halb oder ganz geschlossene Augen, entspannte Gesamtwirkung: So sieht ein dösendes Pferd aus.

5 Hochgereckter Kopf bei durchgedrücktem Hals, aufgerissene Augen und Nüstern, das ganze Pferd wirkt vor Schreck wie erstarrt: Irgendetwas hat es plötzlich in Angst versetzt.

6 Das Pferd wendet den Artgenossen, dem Menschen oder ganz allgemein dem Geschehen ringsherum die Kruppe zu: Deutlicher kann ein Pferd nicht sagen, dass es einfach mal in Ruhe gelassen werden will.

Kein Pferd darf alleine sein

Wie wir gesehen haben, sind für Pferde verschiedene artgerechte Haltungsformen möglich. Nur eines geht auf gar keinen Fall: Pferde allein zu halten! Denn Pferde sind Herdentiere und brauchen deshalb immer Artgenossen in ihrer Nähe. »Einzelhaft« empfinden sie als qualvoll. Die Anwesenheit von Artgenossen gibt ihnen Geborgenheit, denn in einer Herde passt immer einer auf. Außerdem ist es in der Herde nie langweilig, man findet immer einen Kumpel zum Spielen, zum gegenseitigen Mähnebeknabbern oder einfach nur zum Zusammensein.

Nie döst oder frisst die ganze Herde – mindestens einer passt immer auf!

Wir Menschen müssen nichts dazutun, damit aus einer Gruppe von Pferden eine Herde wird: Es genügt, sie zusammenzubringen. Im Laufe der ersten Tage werden sich die Pferde vorsichtig beschnuppern. Dann beginnen kleinere oder größere Kämpfe, in deren Verlauf die Rangordnung festgelegt wird – und fertig ist die Herde. Eine Stutenherde wird stets eine Leitstute, eine Herde männlicher Pferde einen Leithengst oder Leitwallach haben. Kommen Tiere beider Geschlechter zusammen, gibt es einen weiblichen und einen männlichen Chef. Die Leitstute wird den anderen Pferden stets vorausgehen und der Leithengst als Letzter folgen. Er passt auf, dass keiner trödelt, und sichert die Herde nach hinten ab.

Mimik und Gestik

Verständigung Damit das Leben in der Herde funktioniert, ist es wichtig, dass sich die Pferde untereinander verständigen können. Anders als wir Menschen haben die Pferde weltweit nur eine einzige Sprache: die Pferdesprache. Sie besteht aus Körperhaltung, Gesichtsausdruck, Lauten und Bewegungen: Es ist eine Sprache, die Stimmungen und Absichten anzeigt.

Flehmen: So werden besonders interessante Gerüche genauer untersucht.

Sie kann von allen Pferden verstanden werden, gleichgültig, woher sie kommen. Durch sie versteht ein Pony von den schottischen Shetlandinseln sofort, was ein Arabisches Vollblut ihm sagen will. Die einzige Voraussetzung für ihre Beherrschung ist, dass ein Pferd sie von seiner Mutter und den anderen Pferden in der Herde lernen und sie später als junges Pferd in einer Gruppe von Gleichaltrigen üben konnte.

Sobald wir beginnen, uns regelmäßig mit einem Pferd zu beschäftigen, nimmt es uns praktisch in seine Herde auf. Das bedeutet, dass es eine Beziehung zu uns aufbaut und uns sein Vertrauen schenkt. Es bedeutet aber auch, dass es immer wieder testen wird, ob wir im Rang über oder unter ihm stehen. Wenn das geklärt ist, bekommen wir manchmal eine Ahnung davon, was es bedeutet, Teil einer Herde zu sein.

Die Leitstute geht stets voraus.

Bitte nicht erschrecken! Pferde sind Fluchttiere und haben – so wie viele andere Tiere – eine Art Bewegungsmelder. Das bedeutet, dass sie auf plötzliche und unerwartete Bewegungen mit Erschrecken reagieren. Deshalb sollte man nur von vorne auf sie zugehen. Kommt man von hinten, so taucht man sehr plötzlich in ihrem Sichtfeld auf und sie könnten reflexartig mit Ausschlagen reagieren. Pferde begrüßt man, indem man ihnen die Hand an die Nüstern hält, damit sie daran riechen können. Und füttern darf man sie nur, wenn der Besitzer es erlaubt.

aktiv

Blickwinkel eines Pferdes: Pferde sehen immer mehr als ihre Reiter

- Räumliches scharfes Sehen
- Unscharfes Sehen
- Nicht sichtbarer Bereich

Pferdekrankheiten

Ein besonders schwerer Fall von Kolik: Ein Pferd bei einer Notoperation in der Tierklinik

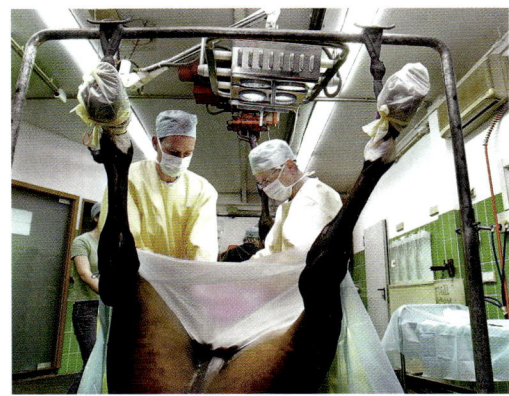

Eine afrikanische Rosskur: Kolikbehandlung mit Kräuterdämpfen

Pferde mit Kolik wirken beim Wälzen wesentlich unruhiger als gesunde. Man sieht deutlich, dass es ihnen nicht gut geht.

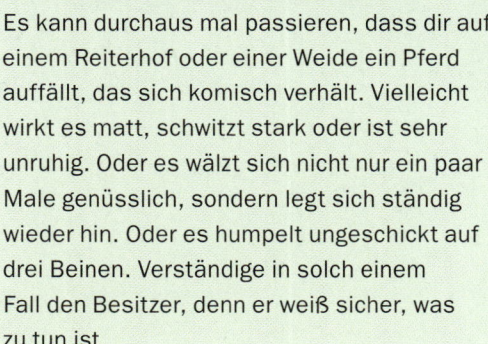

Wenn der Tierarzt kommen muss

Auch Pferde bleiben leider von Krankheiten nicht verschont. Zu den Übeln, die sie am häufigsten befallen, zählen die Koliken. Koliken können verschiedene Ursachen haben: Wetterwechsel oder Stress, verdorbenes Futter oder eine giftige Pflanze. Wenn sie mit dem Futter zu viel Sand aufgenommen haben, können Pferde eine Sandkolik bekommen. Die Symptome einer Kolik sind immer Gasansammlungen im Darm und Bauchkrämpfe. Ein Pferd, das eine Kolik hat, dreht sich auffällig oft nach seinem Bauch um, versucht, mit den Beinen dagegen zu schlagen, und legt sich immer wieder hin, um sich zu wälzen. Die wichtigste Notfallmaßnahme besteht darin, sofort den Tierarzt zu rufen. Er kann dem Tier krampflösende und schmerzstillende Mittel spritzen, Medikamente geben, die den Kreislauf unterstützen, und dafür sorgen, dass der Darm wieder richtig arbeitet.

Auch Erkältungen sind ein Fall für den Tierarzt. Er wird das Pferd abhorchen und die entsprechenden Medikamente verschreiben. Was so ähnlich wie ein schlimmer Schnupfen aussieht, ist manchmal allerdings gar keiner, sondern eine gefährliche Pferdekrankheit: die Druse, eine Infektion der Luftwege und der Lymphknoten am Kopf. Ein erkranktes Pferd braucht sofort den Tierarzt, der es mit Antibiotika behandeln wird.

Gesundheitsvorsorge Zum Glück gibt es gegen einige der Krankheiten, die Pferde befallen können, Impfungen. Neugeborene Fohlen erhalten schon in den ersten Lebenstagen eine Grundimmunisierung gegen Tetanus (Wundstarrkrampf), die ein Leben lang regelmäßig aufgefrischt wird. Ebenfalls zur Routine gehört die Impfung gegen den sogenannten Equinen Herpesvirus, eine Viruserkrankung, die bei tragenden Stuten Fehlgeburten auslösen kann, und gegen Influenza (Pferdegrippe). In Gegenden, in denen Tollwut auftritt, werden Pferde auch dagegen geimpft.

Erkältete Pferde husten wie Menschen.

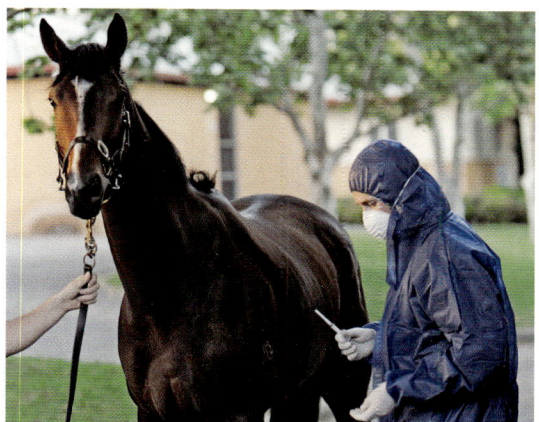
Impfung eines Rennpferds gegen die hoch ansteckende Pferdegrippe während einer Epidemie in Australien 2008. Um die Krankheit nicht von Stall zu Stall zu übertragen, trägt der Tierarzt sterile Kleidung.

Keine Impfung gibt es gegen eine Krankheit, die vor allem Ponys und andere leichtfutterige Pferde befallen kann, also Pferde, die ihre Nahrung gut verwerten und schnell zu dick werden, wenn man nicht aufpasst: Hufrehe droht immer dann, wenn ein solches Pferd zu lange auf einer guten Weide grasen darf, mit Leckerbissen vollgestopft wird oder sich nach einem erfolgreichen Einbruch in die Futterkammer über das Kraftfutter hergemacht hat. Der Überschuss an Nährstoffen bewirkt eine sehr schmerzhafte Entzündung der Hufe, die sogar zerstört werden können, wenn die Hufrehe nicht behandelt wird.

Wenn Laufen und Stehen weh tun Erkrankungen des Bewegungsapparats sind für das Lauftier Pferd immer eine schlimme Sache. Sie entstehen durch Veranlagung, starke oder falsche Belastung oder infolge von Verletzungen.

Lahmheit kann viele Ursachen haben. Man erkennt sie daran, dass das Pferd ungleichmäßig geht, also einen Huf immer nur kurz aufsetzt, und beim Stehen stets dasselbe Bein schont.

Spat ist eine Entzündung der kleineren Knochen des Sprunggelenks.

Schale ist der Sammelbegriff für Veränderungen an den Knochen zwischen Huf und Fessel.

Kissing Spines, »küssende Wirbel«, ist eine schmerzhafte Veränderung der Wirbelsäule: Der Name kommt daher, dass die Dornfortsätze von Wirbeln einander berühren, als wollten sie sich küssen.

Sehnenzerrungen kommen bei vierbeinigen Sportlern ebenso vor wie bei zweibeinigen. Wie andere Erkrankungen des Bewegungsapparats werden auch sie mit Medikamenten, Ruhe und einem vom Tierarzt genau festgelegten Bewegungsplan behandelt.

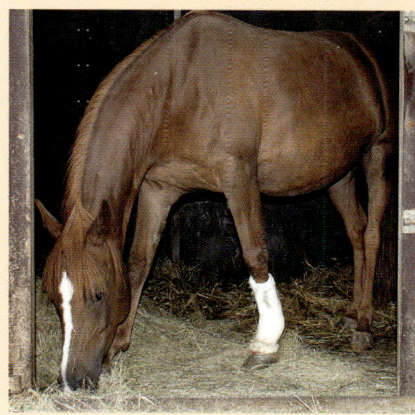
Ein Pferd mit Fußverband

Das verspannte Bein wird vorsichtig gedehnt.

Der Tierarzt hat bei seinen Visiten alle wichtigen Instrumente dabei.

Bevor es Traktoren gab, zogen Pferde oder Ochsen landwirtschaftliche Maschinen wie Pflug (rechts) oder Walze (links).

Die Geschichte der Pferde

Nicht nur die Menschen, auch die Pferde haben eine Geschichte, und ebenso wie die der Menschen ist die Geschichte der Pferde sehr alt. Nachdem Mensch und Pferd vor etwa 5000 Jahren zusammengefunden hatten, begann ihre gemeinsame Geschichte – oder besser gesagt: begannen sie, gemeinsam Geschichte zu machen. Denn ohne die Pferde der Krieger und Soldaten, der Boten und Entdeckungsreisenden, der Eroberer und Siedler wären viele Reiche und Staaten gar nicht erst entstanden, die Weltgeschichte hätte einen ganz anderen Verlauf genommen und die Länder und Grenzen würden heute wohl vollkommen anders aussehen.

Natürlich waren die Pferde nicht nur im Krieg wichtig, sondern viele Jahrhunderte hindurch auch in allen Bereichen des Alltags: Sie zogen die unterschiedlichsten Typen von Wagen, Karren und Kutschen sowie Pflüge und andere einfache oder später auch technisch hoch entwickelte landwirtschaftliche Geräte. Sie trieben Mühlen und Wasserpumpen an, zogen Loren in den Bergwerken und Lastkähne entlang der Flüsse und Kanäle. Und natürlich dienten sie sowohl in Kriegs- als auch in Friedenszeiten als Reittiere.

In der Freizeit spielen Pferde ebenfalls schon seit Jahrtausenden eine wichtige Rolle. Bereits in der Antike hatten Wagen- und Pferderennen begeisterte Anhänger. Die Turniere dagegen sind eine Erfindung des Mittelalters. Natürlich geht es bei heutigen Rennen und Turnieren ein wenig anders zu als zu den Zeiten der alten Römer und der mittelalterlichen Ritter. Auf den folgenden Seiten wirst du mehr darüber erfahren.

Die Anfänge

Das Przewalskipferd

Das Wildpferd mit dem zungenbrecherischen Namen heißt so, weil es nach seinem Entdecker benannt wurde: Der russische Offizier Nikolai Przewalski erkundete in den 1870er-Jahren unerforschte Gebiete des östlichen Zentralasien und stieß dabei in der Mongolei auf die zottigen Wildpferde. Die letzten frei lebenden Wildpferde der Mongolei starben 1969 aus. Weil Tiere dieser Art aber in Zoos gehalten wurden und dort auch Nachwuchs bekamen, blieb die Art erhalten. Inzwischen werden Przewalskipferde auch wieder ausgewildert.

Stehmähne, Aalstrich und dunkel gestiefelte Beine sind Kennzeichen des Equus ferus przewalskii.

Zu Besuch bei den Urpferden

Schau dir bei deinem nächsten Zoobesuch einmal die Przewalskipferde genauer an. Wodurch unterscheiden sie sich von den Hauspferden? Auffällig sind der dunkle Strich entlang des Rückens (der »Aalstrich) und die Stehmähne – aber haben die nicht auch Hauspferde? Während Stehmähnen bei Hauspferden so geschnitten werden, wächst bei Przewalskipferden die Mähne nie länger. Auch ist ihr Rücken gerader als der von Hauspferden.

aktiv

Die Vorfahren unserer Pferde

Was wir über die Pferdevorfahren wissen, haben Wissenschaftler anhand von fossilen Knochen herausgefunden. Während die ältesten dieser Arten noch Pfoten mit mehreren Zehen hatten, nahm die Zahl der Zehen im Laufe der Entwicklung immer weiter ab. *Pliohippus* ist

die erste Art, die auf nur einem Zeh pro Fuß lief. Weil die Tiere ihren Lebensraum vom Wald in die Steppe verlagerten und ihre Ernährung von Blättern auf Gräser umstellten, wurden die Kronen der Backenzähne immer härter und höher.

Urpferdchen, Grube Messel, etwa 47 Mio. Jahre alt

Vom Urpferdchen zum Reittier

Die Vorfahren unserer Pferde waren keine Zeitgenossen der Dinosaurier, sondern traten erst einige Millionen Jahre nach deren Verschwinden auf. *Hyracotherium*, auch *Eohippus* genannt (vor 60 bis 40 Mio. Jahren), gilt als einer der ersten. Der nur 20 cm große Pflanzenfresser lebte in den Wäldern Nordamerikas und Europas und ernährte sich von Blättern. Er hatte einen runden Rücken und ebenso wie seine nur noch in Nordamerika vorkommenden Nachfolger *Mesohippus* (vor 32 bis 25 Mio. Jahren) und *Merychippus* (vor 17 bis 11 Mio. Jahren) an jedem Fuß mehrere Zehen. *Pliohippus* (vor 5,3 bis 1,75 Mio. Jahren) sah den modernen Pferden schon ähnlicher: Sein Schädel war lang, er hatte eine kurze Stehmähne und lief auf vier Zehen beziehungsweise den sie schützenden Hufen.

Die ersten Pferde Die Entwicklung dieser Pferdevorfahren zu Tieren der Gattung Equus fand vorwiegend in Nordamerika statt. Vor ungefähr 2 Millionen Jahre dann wanderten frühe Pferde über Panama nach Südamerika ein und vor etwa 1,5 Millionen Jahre über die Beringlandbrücke nach Eurasien. Hier bildete sich die Art Equus ferus heraus, während die Pferde in Amerika vor ungefähr 10 000 Jahren ausstarben. Der Umstand, dass die Wildpferde in Herden lebten und bei Gefahr am liebsten flüchteten, machten sich die Menschen der Steinzeit zunutze. Für sie war das Wildpferd nämlich nichts anderes als ein Jagdwild. Sie jagten es mit derselben Methode, die sie auch bei anderen in Herden lebenden großen Säugetieren anwendeten: Sie schlichen sich an die Herde heran, erschreckten sie und trieben die flüchtenden Tiere auf ein

Przewalskipferde oder ähnliche Arten von Wildpferden waren auch in Europa verbreitet. Dieses Pferd wurde um 17 000 bis 15 000 v. Chr. an die Wand der berühmten Höhle von Lascaux in Frankreich gemalt.

bestimmtes Ziel zu, z. B. einen Abgrund, in den die panischen Tiere stürzten. Oder aber in einen Talkessel oder eine künstlich angelegte Umzäunung, um die Tiere dort mit Lanzen, Pfeilen oder Steinwürfen zu töten.

Die ersten Begegnungen mit dem Menschen verliefen für die Wildpferde also tödlich – zumindest für die meisten von ihnen.

Zum Glück schmeckten die Pferde unseren Vorfahren nicht nur gut, sondern sie beeindruckten sie auch durch ihre Kraft, ihre Schnelligkeit und ihre Schönheit. Die Menschen begannen, neben anderen Tieren Pferde auf die Wände ihrer Höhlen zu malen und schließlich, sich mit Pferden anzufreunden und sie zu zähmen.

Die ersten Reiter Niemand weiß, wann und wo ein Mensch zum ersten Mal ein Fohlen aufzog, sich auf den Rücken eines Pferdes setzte oder ein Pferd dazu brachte, sich ein Geschirr anlegen zu lassen und eine Last zu ziehen. Man nimmt jedoch an, dass es wiederholt zu verschiedenen Zeiten an verschiedenen Orten dazu kam. Diese Orte lagen wahrscheinlich in Zentralasien und im östlichen Europa. Die Versuche, Pferde an den Menschen zu gewöhnen, glückten und fanden immer weitere Verbreitung, bis schließlich vor ungefähr 5000 Jahren das Pferd nicht mehr nur Jagdwild, sondern auch Helfer und Begleiter des Menschen geworden war.

Der zahme Hausesel stammt vom Afrikanischen Wildesel ab. Der dem Pferd ähnlichere Asiatische Wildesel wurde nie domestiziert.

Die ältesten Freunde des Menschen Neben dem Pferd haben wir Menschen auch noch einige andere alte Freunde. Der älteste dürfte der Hund sein: Hunde wurden vor mindestens 30 000 bis 40 000 Jahren domestiziert. Als die Menschen Nutztiere dazu gebracht hatten, mit ihnen zusammenzuleben, brauchten sie nicht länger als Jäger hinter den Wildtierherden herzuziehen, sondern konnten sesshaft werden und neben der Tierzucht auch Landwirtschaft betreiben. Soweit wir heute wissen, wurden Schafe vor ungefähr 10 000 Jahren, Rinder vor 8500 Jahren und Esel vor 6000 Jahren zu zahmen Haustieren.

Evolution des Pferdes
1 *Hyracotherium*
2 *Mesohippus*
3 *Merychippus*
4 *Pliohippus*
5 *Equus ferus*

Wagen, Sattel, Steigbügel

Wagen Vor dem Wagen kannten die Menschen in vielen Regionen der Welt bereits den Schlitten: ein Fahrzeug auf Kufen, das von Menschen oder Tieren gezogen wurde. Schlitten wurden nicht nur im Winter bei Schnee eingesetzt, sondern überall dort, wo es galt, schwere Lasten zu befördern, und der Boden einigermaßen eben war.

Eine riesige Ladung Stroh – zum Glück ist sie viel leichter, als sie aussieht.

Wagen oder Karren wurden und werden seit der Antike auf allen Kontinenten (außer auf Antarktika) benutzt. Auch wenn sie bei uns weitgehend aus dem Straßenverkehr verschwunden sind, stellen sie in vielen Ländern der Erde bis heute ein wichtiges Transportmittel dar.

Weil sie den modernen technologischen Fortschritt ablehnen, setzen die Angehörigen der Glaubensgemeinschaft der Amischen anstelle von Motoren auch heute noch Pferde ein.

Karren und Kutschen

Irgendwann überlegten sich findige Menschen, wie sich die Kraft und Schnelligkeit der Pferde noch besser nutzen ließen. Und so kam es im Laufe der Zeit an ganz verschiedenen Orten zu einer Reihe von Erfindungen, die das Leben der Menschen und natürlich auch das der Pferde weltweit von Grund auf verändern sollten.

Die erste wichtige Erfindung war die des Rades. Niemand weiß, wer auf diese geniale Idee gekommen ist, und wahrscheinlich wurde das Rad mehrmals in verschiedenen Kulturen erfunden. Es ermöglichte eine weitere, nicht weniger wichtige Erfindung: die des Wagens. Die ersten Wagen waren zweirädrige Karren mit schweren Scheibenrädern. Mit der Zeit wurden die Konstruktionen immer ausgeklügelter: vierrädrige Wagen oder zweirädrige Karren mit leichten Speichenrädern, die nicht mehr am Wagen selbst, sondern an einer Achse befestigt waren. Gezogen wurden diese Fahrzeuge zunächst wohl von Eseln und Rindern und erst später auch von Pferden.

Außer für den Transport von Menschen, landwirtschaftlichen Erzeugnissen und anderen Waren wurden von Pferden gezogene Wagen und Karren auch zur Beförderung von Kriegern an ihre Einsatzorte eingesetzt. Soldaten, die zum Schlachtfeld gefahren wurden, waren

Ein ägyptischer Pharao lenkt die beiden prachtvoll geschmückten Hengste, die seinen Streitwagen ziehen.

Die berittenen Soldaten der römischen Legionen ritten noch ohne Steigbügel.

ausgeruhter und dadurch kräftiger als solche, die zu Fuß lange Strecken hatten zurücklegen müssen. Und so waren Völker, die Pferde und Wagen besaßen, im Krieg von vornherein im Vorteil.

Der Streitwagen   Ihr Vorsprung gegenüber ihren Feinden und Nachbarn vergrößerte sich noch, als sie auf die Idee kamen, Pferde und Wagen auch in der Schlacht selbst

Ein mittelalterlicher Ritter hievt sich mithilfe des Steigbügels auf sein Streitross.

einzusetzen. Die Sumerer aus dem nordöstlich der Arabischen Halbinsel gelegenen Mesopotamien konnten im 3. Jahrtausend v. Chr. die Ersten gewesen sein, die im Krieg Streitwagen verwendeten. Während ihre Wagen noch schwer und mit Scheibenrädern ausgestattet waren, fuhren die Hethiter aus Kleinasien (der heutigen Türkei) im 2. Jahrtausend v. Chr. mit leichteren Streitwagen und Speichenrädern in die Schlacht.

Im Laufe der Jahrhunderte fanden die Streitwagen weitere Verbreitung, bis zu den Kelten im Westen und bis nach China im Osten.

Eingespannt wurden ausnahmslos Hengste, und es waren ebenfalls Hengste, die ungefähr ab 800 v. Chr. als Kriegspferde eingesetzt wurden. Von da an kämpften die vornehmeren Krieger nicht nur vom Streitwagen, sondern auch vom Pferderücken aus und setzten dabei vor allem Lanzen und Streitäxte ein.

Die Erfindung zuerst des Sattels und später des Steigbügels erhöhte die Wirksamkeit der »Kriegswaffe Pferd« ein weiteres Mal. Dank dieser neuen Errungenschaften saß der Reiter sicherer und auch ruhiger auf dem Pferderücken und konnte seine Waffen präziser einsetzen.

Fest im Sattel   Wer gut reiten kann, kann ein Pferd auch ohne Sattel reiten. Doch das Reiten mit Sattel hat viele Vorteile. Er wirkt wie ein Stoßdämpfer und bietet dem Reiter mehr Halt. Außerdem können am Sattel Gepäckstücke befestigt werden. Die Vorläufer der Sättel bestanden aus Decken oder Fellen, die

mit einem Sattelgurt versehen waren. Später verwendete man mit Stroh gestopfte Kissen. Hauptsächlich aus gepolsterten Brettern bestanden die Tragsättel für Lasten. Entsprechend den Anforderungen, die die unterschiedlichen Reitweisen stellen, entwickelte sich eine Vielzahl verschiedener Satteltypen.

Mit Sattel und Steigbügeln kann man länger reiten, ohne zu ermüden.

Stegreif und Steigbügel   Die Skythen begannen im 3. Jh. v. Chr., an ihren Sätteln Lederschlaufen zu befestigen, die ihren Füßen beim Aufsteigen und Reiten Halt gaben. Später entstanden Bügel auch aus anderen Materialien und ab dem 8. Jh. n. Chr. fanden Steigbügel in Europa Verbreitung. Bei uns hieß der Steigbügel übrigens ursprünglich »Stegreif«. Daher kommt auch der Ausdruck »aus dem Stegreif«: Etwas aus dem Stegreif zu tun bedeutet, es ohne Vorbereitung zu tun, sozusagen ohne vorher vom Pferd abzusteigen.

Zwei skythische Reiterfiguren schmücken die Enden dieses Halsrings.

Immer besser reiten

Im Mittelalter: Pferde halfen beim Bestellen der Felder …

… und unterstrichen Würde und Ansehen des Adels.

Ritter Um Ritter zu werden, musste man adeliger Abstammung sein, eine Ausbildung als Knappe durchlaufen haben und auch Vermögen besitzen, denn Ritter sein war teuer. Das fing schon beim Schlachtross an, über das ein Ritter selbstverständlich verfügen musste. Auf Reisen wurde dieses kostbare Tier geschont und von dem auf seinem Reitpferd sitzenden Ritter an der Hand mitgeführt. Auch der Knappe musste mit einem Reittier ausgestattet werden. So ausgerüstet zogen die Ritter zu Turnieren, für ihren Lehnsherrn in die Schlacht und auf den Kreuzzügen bis nach Jerusalem.

Berühmte Pferde, berühmte Reiter Sicher hast du schon von Alexander dem Großen gehört, dem König von Makedonien, der im 4. Jahrhundert v. Chr. bis Ägypten und Indien reiste und ein Weltreich eroberte. Aber kennst du auch sein Pferd Bukephalos? Es galt als unreitbar, bis Alexander es bestieg: Er hatte gemerkt, dass das Pferd vor seinem eigenen Schatten scheute, und es beim Aufsitzen so gestellt, dass es diesen nicht sah. Danach war Bukephalos seinem Herrn treu ergeben und soll ihm sogar einmal das Leben gerettet haben. Ebenfalls ein Weltreich eroberte Napoleon. Auf seinen Reisen durch Europa und in den vielen Schlachten, die er anführte, ritt er ausnahmslos Araber. Die beiden berühmtesten waren die Hengste Marengo und Vizir. Marengo starb 1815 in der Schlacht bei Waterloo. Vizir soll Napoleon angeblich von Paris nach Moskau und wieder zurück getragen haben.

Alexander und Bukephalos im Schlachtgetümmel

Ritter und Samurai

Pferde erleichterten den Menschen den Alltag, indem sie ihnen viele schwere Arbeiten abnahmen. Sie ermöglichten ihnen, größere Felder zu bestellen, und verhalfen ihnen zu mehr Erfolg im Krieg. Sie verliehen ihrem Besitzer Würde und Ansehen. Und es machte sicher auch schon damals den Menschen Freude, die schönen Tiere um sich zu haben. Dies alles muss sich verhältnismäßig schnell herumgesprochen haben, und so kam es, dass gezähmte Pferde, das Wissen über den Umgang mit ihnen und die Reitkunst große Verbreitung fanden. Im Mittelalter gab es überall in Europa, Asien und Nordafrika zahme Pferde – vorausgesetzt, die jeweilige Region ermöglichte es, Pferde zu halten. Im hohen Norden Nordeuropas, in den Wüsten und den feucht-heißen Tropen Afrikas und Asiens war dies nicht der Fall. Überall sonst in der Alten Welt (Europa, Asien und Afrika) wurden Pferdehaltung und Pferdezucht, Reitkunst und das Fahren mit Pferden immer weiter entwickelt und verbessert.

Turniere und Schlachten Um ihre Meisterschaft vorzuführen und sich mit anderen zu messen, nahmen Reiter an Turnieren teil. Die Turniere des Mittelalters liefen noch ganz anders ab als unsere. Anstatt die Gangarten ihrer Pferde vorzuführen oder über hohe Hindernisse zu springen, traten die europäischen Ritter zumeist Mann gegen Mann gegeneinander an. Bei einem Tjost etwa ritten zwei Ritter in Rüstung auf ebenfalls durch Panzer geschützten Pferden aufeinander zu und versuchten, sich mit ihren Lanzen gegenseitig aus dem Sattel zu heben.

Diese Turniere waren nicht nur Zeitvertreib, sondern auch Übung für den Ernstfall. Die Kampftechnik der Ritter bestand auch in der Schlacht meist darin, vom Sattel aus den ebenfalls berittenen Gegner vom Pferd zu holen und ihn dann vom Pferderücken aus oder auch im Nahkampf am Boden zu besiegen. Natürlich brauchte man dazu ganz besondere Pferde: Sie mussten kräftig sein, um den Ritter mitsamt Rüstung und Waffen zu tragen, muss-

Nicht nur der Ritter, auch sein Pferd war im Kampf durch eine Rüstung geschützt.

ten in der Schlacht besonnen und lenkbar bleiben und ein paar Tricks beherrschen, die ihrem Herrn halfen, mit seinem Feind fertig zu werden.

Die Fähigkeit des Reiters, im Sattel zu bleiben und das Pferd dazu zu bringen, seine Kommandos auszuführen, wurde ein immer wichtigerer Bestandteil der Ausbildung der Ritter und später der berittenen Soldaten, der Kavallerie. Außerdem wurden den Pferden Bewegungsabläufe beigebracht, mit denen sie ihren Reiter unterstützen konnten, indem sie z. B. nach einem Feind traten, der sich in der Schlacht von hinten näherte. Als »Lektionen« wurden diese Bewegungsabläufe später Grundlagen der Hohen Schule, der höchsten Form des Dressurreitens.

Samurai

In Japan nannte man die Ritter Samurai. Sie verpflichteten sich, einem hochrangigen Adeligen zu dienen, und verdienten sich dadurch ihren Lebensunterhalt. Ein Junge, der Samurai werden wollte, ging vom 12. bis 15. Lebensjahr bei einem Meister in die Lehre. Zu den Künsten, die ein Samurai lernte, gehörte auch *Bajutsu*: die Fähigkeit, ein Pferd zu beherrschen, es ohne Zügel zu lenken, von seinem Rücken aus mit Speer und Schwert zu kämpfen und in vollem Galopp mit dem Bogen Pfeile abzuschießen *(Yabusame)*.

So stolz und edel sollten ein Samurai und sein Pferd aussehen.

Eine Lektion der Hohen Schule: die Kapriole (kurz vor der Landung)

Spanische Hofreitschule Wien

Die berühmte Spanische Hofreitschule in Wien setzt eine jahrhundertealte Tradition des Dressurreitens fort. Die Lektionen, die hier sorgfältig eingeübt und dann dem Publikum vorgeführt werden, waren einst Teil der Ausbildung eines Streitrosses. Auf alten Schlachtengemälden sieht man oft Ritter, Offiziere oder Feldherren, deren Pferde steigen, mit beiden Hinterbeinen ausschlagen oder mit allen vieren gleichzeitig in die Luft springen, um von ihrem Reiter Feinde abzuwehren oder um sich und ihn aus gefährlichen Situationen zu retten.

Ein weltberühmter Ritter aus einem alten Roman ist Don Quichotte, der hier gegen Windmühlenflügel kämpft.

Pferde entdecken die Neue Welt

Die Azteken in Mexiko malten Bilder, die die spanischen Eroberer zu Pferd zeigten. Diese Darstellung ist mehr als 500 Jahre alt.

Konquistadoren »Konquistadoren« nennt man die spanischen Eroberer, die mit ihren Schiffen ab dem 16. Jahrhundert nach Mittelamerika und etwas später auch nach Südamerika fuhren, um dort Land für das spanische Königshaus in Besitz zu nehmen. Ihre Expeditionstrupps bestanden aus großen Gruppen von Fußsoldaten, die mit Feuerwaffen ausgerüstet waren. Sie hatten nur Pferde für den Expeditionsleiter und die Offiziere an Bord. Doch auch eine geringe Zahl von Pferden genügte, um die amerikanischen Ureinwohner zu beeindrucken und wirkungsvolle Angriffe zu reiten. Berühmte Konquistadoren waren u.a. Hernán Cortés, der um 1520 das Aztekenreich eroberte, und Francisco Pizarro, der um 1530 das Reich der Inka unterwarf.

Bewaffnete Reiter, die die Strecke gut kannten, begleiteten die Siedlertrecks.

Rückkehr nach Amerika

Der Besitz von Pferden und die Kunst, sie zu beherrschen, bringen enorme Vorteile. Diese Erfahrung beherzigten die Spanier, als sie ab dem 16. Jahrhundert auszogen, den neu entdeckten Erdteil Amerika zu erkunden, und nahmen auf ihren Schiffen Pferde mit.

Die Bewohner Mittelamerikas erschraken zuerst vor den großen Tieren. Das war kein Wunder, denn in Amerika waren die Pferde (ebenso wie viele andere große Säugetiere) viele tausend Jahre zuvor ausgestorben. Mit der Zeit gewöhnten sich die Azteken und die anderen Völker der Region an die Tiere, die sie »große Hunde« nannten, und hatten keine Angst mehr vor ihnen. Den militärischen Vorteil aber, den die Pferde zusammen mit den mitgebrachten Feuerwaffen den spanischen Eroberern verschafften, konnten die amerikanischen Ureinwohner nicht ausgleichen.

Nachdem die Spanier im 16. Jahrhundert Mittelamerika unter ihre Herrschaft gebracht hatten, begannen sie, sich für Nordamerika und Südamerika zu interessieren, und nahmen auf ihre Expeditionen dorthin ebenfalls Pferde mit. Drei Jahrhunderte später waren weite Teile

des amerikanischen Kontinents von Europäern besiedelt. Gleichzeitig waren diese Regionen zu einer neuen Heimat für die eingeführten Pferde geworden, die sich hier wohlfühlten und rasch vermehrten. Auch frei gelassene oder entlaufene Pferde konnten hier gut überleben und ihre Nachkommen vermischten sich immer wieder mit neu eingeführten oder in Amerika gezüchteten Pferden.

Auf nach Westen! Auch bei der europäischen Eroberung und Besiedlung Nordamerikas spielten Pferde eine sehr wichtige Rolle. Zwar wurden die schweren Planwagen der Siedler meist von den ruhigeren, ausdauernderen Ochsen oder Maultieren gezogen. Doch ermöglichten Reitpferde es, lange Strecken in verhältnismäßig kurzer Zeit zurückzulegen, und ohne Pferde hätte es weder die Postkutschen noch den Pony Express gegeben, die beide weit voneinander entfernte Teile des Landes durch ein Verkehrs- und Nachrichtensystem verbanden. Auch als später Eisenbahn und Telegraf entstanden, blieben Pferde für Nordamerika weiterhin wichtig. Denn ohne sie wäre die Rinderhaltung in großem Maßstab nicht möglich gewesen. Und ohne Cowboys hätte es keinen Wilden Westen gegeben.

Die Ureinwohner Nordamerikas, die Indianer, gewöhnten sich schnell an die schönen, schnellen Tiere. Sie tauschten sie bei den Konquistadoren und den weißen Siedlern ein, stahlen sie, fingen verwilderte Pferde ein und begannen, selbst Pferde zu züchten (siehe »Appaloosa« S. 34). Nicht zuletzt dank ihrer Pferde gelang es ihnen, sich noch eine ganze Weile gegen die europäische Inbesitznahme ihrer Territorien zur Wehr zu setzen.

Der Pony Express Die nordamerikanischen Postreiter wurden zur Legende, obwohl es den Pony Express nur etwa ein Jahr lang gab (von 1860 bis 1861). Auf einer 3200 km langen Route, die den dichter besiedelten Mittleren Westen der USA mit dem noch wenig erschlossenen Kalifornien verband, beförderten die Postreiter Eilbriefe. Dabei wechselten sie an den Pony-Express-Stationen in regelmäßigen Abständen die Pferde. Berühmtester Pony-Express-Reiter war Buffalo Bill, der später mit seiner Wildwestshow durch Europa tourte.

Eine lange Reise mit der Postkutsche war sicher nicht sehr bequem!

Indianer Die Ureinwohner Nordamerikas, die einer Vielzahl verschiedener Völker angehören, hatten ursprünglich vom Anbau von Nutzpflanzen (z. B. Mais, Kürbisse und Bohnen) sowie vom Jagen und Sammeln gelebt. Durch die Übernahme der Pferde, aber auch weil sie von den europäischen Einwanderern von der Ostküste ins Binnenland verdrängt wurden, änderten viele Völker ihre Lebensweise. Sie verlegten sich darauf, mit ihren Pferden Bisons zu jagen und hinter den Herden herzuziehen.

Die Konquistadoren brachten Pferde nach Amerika – viele tausend Jahre, nachdem die hier lebenden Pferdevorfahren ausgestorben waren.

Auf Pferdeschauen werden Stuten und ihre Fohlen vor der Versteigerung dem fachkundigen Publikum gezeigt.

Pferderassen aus aller Welt

Der eine schwärmt von edlen Trakehnern, die andere von Arabischen Vollblütern und der Dritte ist davon überzeugt, dass das höchste Glück der Erde nur auf dem Rücken von Islandpferden zu finden ist. So hat jede Pferderasse ihre Fans. Diese können sich darauf beschränken, Bücher und Poster *ihrer* Lieblingspferde zu sammeln, sie können sie aber auch reiten und mit ihnen arbeiten oder sie sogar züchten und auf Schauen vorstellen.

Für alle auf nationaler und internationaler Ebene offiziell anerkannten Pferderassen gibt es Zuchtstandards. Pferde, die als Elterntiere in der Zucht verwendet werden sollen, müssen ihre Eignung in genau festgelegten Prüfungen beweisen. Dabei werden neben dem Körperbau und eventuell der Fellfärbung auch der Charakter, der Gesundheitszustand und die Rittigkeit getestet, also die Befähigung und Bereitschaft eines Pferdes, mit Menschen zusammenzuarbeiten. Hengste werden gekört, Stuten in ein Zuchtbuch eingetragen, das Stutbuch oder Stammbuch. Die Fohlen dieser Tiere erhalten einen Abstammungsnachweis, in dem ihre Vorfahren aus mehreren Generationen eingetragen sind. Zusätzlich erhalten die jungen Pferde vieler Rassen zu einem bestimmten Zeitpunkt einen Fohlenbrand. Dieses Brandzeichen zeigt dem Eingeweihten ihre Zugehörigkeit zu einer bestimmten Rasse und einem Herkunftsgebiet an (siehe dazu auch die Karte S. 60–61).

Der Zweck von alledem? Züchter und Zuchtverbände wollen, dass innerhalb einer Rasse bestimmte gewünschte Eigenschaften weitervererbt und möglichst sogar verbessert werden. Außerdem haben sämtliche Verbände weltweit ein gemeinsames wichtiges Ziel: die Züchtung von gesunden, gut entwickelten Tieren, die gerne mit Menschen zusammenarbeiten.

Warum gibt es so viele Pferderassen?

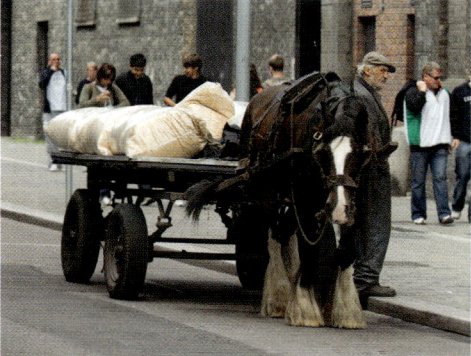

Tinker werden in Irland auch heute noch als Zugpferde eingesetzt.

Ein Warmblut zeigt Temperament: Andalusier beim Austoben

Westernpferd und -reiter in Aktion: Sliding Stop (Halt aus dem Galopp) bei der Pferdesport-WM in Aachen

Konzentriert bei der Arbeit: Ein Andalusier bei einer Vorführung des Barockreitens

Andere Länder, andere Pferde

Warum gibt es eigentlich so viele verschiedene Pferderassen? Das hängt damit zusammen, dass die einzelnen Rassen ursprünglich aus den unterschiedlichsten Regionen der Erde stammen und für ganz bestimmte Verwendungszwecke gezüchtet wurden. Heute, im Zeitalter der Globalisierung, in dem Menschen überall auf der Welt leben und arbeiten und ihre Waren verkaufen – auch Pferde! –, trifft man in Südamerika und Andalusien Tiroler Haflinger an und in nordeuropäischen Ländern mit kaltem, feuchtem Klima Arabische Vollblüter. In ein und demselben Stall können struppige, kleine Shetlandponys aus Schottland Box an Box mit vornehmen russischen Achal-Tekkinern stehen und niemand ist überrascht, wenn er in einer schicken, teuren Pferdepension einen Tinker antrifft, ein Pferd einer Rasse also, deren Vertreter jahrhundertelang die Wagen irischer Kesselflicker und anderer oft bettelarmer Fahrender zogen.

Wenn Pferde umziehen ... Für die Pferde selbst scheint die Globalisierung auf den ersten Blick kein Problem darzustellen: Gras ist überall grün und wenn sie sich erst einmal eingewöhnt haben, wächst in unserem kalten Winter sogar den Arabischen Vollblütern ein schönes, warmes Winterfell, mit dem sie es in ihrer eigentlichen Heimat, der Arabischen Halbinsel, nicht lange aushalten würden. Doch nicht alle Pferde kommen mit den Lebensumständen, für die sie nicht gezüchtet werden, auch gut zurecht:

1

2

3

Die genügsamen Haflinger, die vom mageren Gras der Almwiesen leben können, werden auf üppigen Flachlandwiesen schnell zu dick und viele Islandpferde und andere Ponys von nordeuropäischen Inseln vertragen die Stiche der mitteleuropäischen Insekten nicht und bekommen davon eine Allergie, das sogenannte Sommerekzem.

Pferdemoden – Modepferde Ähnlich wie in der Welt der Katzen- oder Hundehalter gibt es auch in der Welt der Pferdefreunde Moden. Irgendwo wird eine Pferderasse »entdeckt« oder wiederentdeckt, die sich durch besondere Eigenschaften wie Ausdauer, Robustheit, Eleganz oder Anhänglichkeit hervortut. Pferdezeitschriften schreiben über sie, Bücher und Filme entstehen, die Tiere werden auf Schauen und bei Turnieren vorgestellt, und immer mehr Reiter beginnen, sich für diese Rassen zu interessieren. Mitunter sind mit einer »neu entdeckten« Rasse auch bestimmte in ihrem Ursprungsland entwickelte Reitweisen verbunden, die mit der Zeit von den neuen Fans dieser Pferderasse an hiesige Verhältnisse angepasst und weiterentwickelt werden. Auf diese oder ähnliche Weise erlangten in Deutschland Islandpferde, Arabische Vollblüter, Westernpferde, Barockpferde, Criollos und diverse Ponyrassen große Beliebtheit und Verbreitung.

Zwei Criollos und ein sehr weiter Weg Die großartige sportliche Leistung zweier Criollos machte diese südamerikanischen Pferde weltberühmt: Mit ihrem Reiter Aimé Tschiffely wanderten Mancha und Gato 1925 von Buenos Aires in Argentinien bis nach New York. Die etwa 18 000 km lange Strecke legten der gebürtige Schweizer und seine beiden halbwilden Criollo-Wallache in drei Jahren zurück. Der Zweck der Reise: Tschiffely wollte beweisen, dass die Criollos, Nachfahren der von den Spaniern nach Südamerika gebrachten Arabischen Vollblüter und Berber, die härtesten und ausdauerndsten Pferde der Welt sind. Und das ist ihm wirklich gelungen! Als es losging, waren die Wallache 15 und 16 Jahre alt. Beide lebten nach dem langen Ritt noch rund 20 beschauliche Jahre.

Pony oder Pferd? Sollte sich ein junges Pony Hoffnungen machen, eines Tages ein Pferd zu sein, so wird es eine herbe Enttäuschung erleben: Ein Pferd wird aus ihm nie, denn ein Pony ist ein Pony und ein Pferd ist ein Pferd. Zwar gehören beide derselben Art *Equus caballus* an, doch unterscheiden sie sich nicht nur durch die Größe, sondern auch durch eine Reihe von weiteren Merkmalen: Ponys wirken stämmiger als Pferde, im Verhältnis zum Körper sind die Beine und der Kopf kürzer und Mähne, Schweif und Winterfell sind dicker. Nach deutschen Standards hat ein Pony höchstens 1,30 m Widerristhöhe. Tiere mit einer Widerristhöhe bis 1,48 m sind Kleinpferde, alles, was größer ist, gilt als Großpferd.

Vertreter der größten Pferderasse Shire Horse und der kleinsten (Falabella)

1 Shetlandpony 95–112 cm
2 Islandpferd 125–145 cm
3 Fjordpferd 135–148 cm
4 Haflinger 135–148 cm
5 Tinker 135–170 cm

Pferdezucht in Deutschland

Die letzte Berliner Pferdebahn. Das von Hand kolorierte Foto wurde am 21. August 1902 aufgenommen.

Die große alte Dame des Freizeitreitens Die große Beliebtheit des Reitsports im deutschsprachigen Raum ist nicht zuletzt Ursula Bruns (*1922) zu verdanken. Als Autorin, Reitlehrerin, Pferdekennerin, Islandpferde-Fan und Gründerin einer berühmten Reitschule prägte sie die Entwicklung des Freizeitreitens in entscheidender Weise. Mit ihren Pferderomanen um *Dick und Dalli und die Ponys,* zwischen 1955 und 1975 als *Immenhof*-Fortsetzungen verfilmt, begeisterte sie jahrzehntelang Kinder und Jugendliche für den Reitsport. Ursula Bruns machte sowohl die Islandpferde als auch den Offenstall in Deutschland bekannt.

Filmplakat zu Die Mädels vom Immenhof, *Regie Wolfgang Schleif, Deutschland 1955*

Die Geschichte des Freizeitreitens

Vor dem Zweiten Weltkrieg gab es im deutschsprachigen Raum genau zwei Kategorien von Pferden: Reitpferde und Arbeitspferde. Die Arbeitspferde waren Zugpferde für leichte oder schwere Wagen, dienten als Saumtiere (Lasttiere) oder trieben mit ihrer Muskelkraft Maschinen an. Die Reitpferde waren Verkehrsmittel für Zivilpersonen, Beamte oder Soldaten. Als Eisenbahn, Automobil und Motoren aller Art die Pferde aus Arbeitswelt und Verkehr zunehmend verdrängten, wurde das Reiten zum Sport der Wohlhabenden (siehe Kapitel 4).

Vor allem nach dem Zweiten Weltkrieg – dem letzten Krieg, in dem in Europa Pferde eingesetzt wurden – gründeten Pferdefreunde in den Städten und Dörfern Reitvereine. Die gemeinsam gekauften und gehaltenen Pferde wurden nach herkömmlicher Art überwiegend in den Disziplinen Dressur und Springen (siehe S. 46–47) ausgebildet, trainiert und auf Turnieren vorgestellt. Wer Lust hatte, konnte in den Verein eintreten und Reitstunden nehmen. Und wer genügend Geld hatte, konnte sich ein Reitpferd kaufen und ihm in einem geeigneten Stall eine Box mieten. Das war sehr teuer und nur wenige konnten sich einen derartigen Luxus leisten.

1   2   3

Frauke Schenzel auf Tango vom Kronshof bei der Europameisterschaft der Islandpferde auf dem Eis

Ein kleiner preußischer Prinz hoch zu Ross, 1908 vor dem Potsdamer Marmorpalais fotografiert

Reiten als Hobby Doch gab es auch viele Menschen, die gerne ihre Freizeit mit Pferden verbringen wollten, aber nicht so wohlhabend wie die gleichzeitig belächelten und beneideten »Herrenreiter« waren. Oder die wenig Lust hatten, ihre Zeit mit dem Pferd überwiegend in Hallen und auf Reitplätzen zu verbringen, und die es in die Natur hinauszog. Sie wurden zu den Pionieren des Freizeitreitens, das vor allem ab den 1960er-Jahren mehr und mehr Anhänger fand.

In den Reitvereinen und im Leistungssport wurden überwiegend Tiere deutscher Warmblutrassen eingesetzt und daneben vereinzelt Englische Vollblüter. Sie alle waren überwiegend große Pferde, die seit Generationen in Ställen gehalten wurden. Die Ställe waren oft absichtlich dunkel, um die hochgezüchteten, nervösen Pferde ruhig zu halten. Vielen Freizeitreitern waren diese Tiere einerseits zu temperamentvoll, andererseits war ihr Unterhalt sehr kostspielig. Und so begannen sie, mit anderen, einfacher zu haltenden und umgänglicheren Pferderassen zu experimentieren.

Wikingerpferde auf Erfolgskurs Besonders die Islandpferde hatten es den Freizeitreitern der ersten Stunde angetan. Auf Island wurden sie weitgehend sich selbst überlassen und zogen in der Herde zu Wasserstellen und Weiden. Ursula Bruns lernte die Vorzüge der kleinen Pferde zu schätzen und machte sie in Deutschland bekannt. Weil hier zu dieser Zeit die klassische Dressur die einzige bekannte Reitweise war, wurden die aus Island eingeführten Kleinpferde zunächst auf diese Art geritten. Sobald die Isländer die Dressuraufgaben beherrschten, begann man mit der Arbeit an ihren Spezialgangarten Tölt und Pass. Heute haben Islandpferde (nicht nur) in Deutschland viele Anhänger, die sie auf speziellen Turnieren vorstellen.

So schön kann Freizeitreiten sein: Reiter und Pferde genießen einen Ausritt durch den Wald.

1 Arabisches Vollblut
  140–152 cm
2 Criollo 142–155 cm
3 Appaloosa 145–155 cm
4 Freiberger 150–160 cm
5 Schwarzwälder Fuchs
  148–160 cm

4

5

Modepferde?

Die glorreichen Sieben – ein berühmter Westernfilm. Regie John Sturges, USA 1960. In den Hauptrollen: Steve McQueen, James Coburn, Horst Buchholz, Yul Brynner, Brad Dexter, Robert Vaughn und Charles Bronson

Appaloosas – die Pferde der Indianer

Die Ureinwohner Nordamerikas beschränkten sich schon früh nicht nur darauf, von den Europäern Pferde einzutauschen oder zu stehlen, sondern züchteten selbst. Die bekannteste indianische Züchtung ist der Appaloosa. Seine Züchter waren die Nez Percé im Mittleren Westen der USA. Nach ihrer letzten Niederlage 1877

wurden die meisten ihrer Pferde von der US-Kavallerie getötet. Amerikanische Pferdefreunde nahmen sich der bunten Pferde an und gründeten 1938 den Appaloosa Horse Club, bei dem derzeit weltweit 635 000 Appaloosas registriert sind.

Die auffälligen Fellzeichnungen der Appaloosas halfen, Pferd und Reiter von den anderen zu unterscheiden.

Exoten von robust bis edel

Eine der ersten »exotischen« Rassen, die auf diese Weise nach Deutschland kam, waren die Islandpferde. Die widerstandsfähigen und schnellen Tiere, die einst von den Wikingern nach Island gebracht worden waren, erwiesen sich als pflegeleicht und anspruchslos und gleichzeitig als durchaus in der Lage, auch erwachsene Reiter zu tragen. Ähnlich »benutzerfreundlich« war das norwegische Fjordpferd, oder wenn man es lieber weniger »exotisch« haben wollte, der aus den Alpen stammende Haflinger. Die Freizeitreiter der ersten Stunde konnten sie auf gepachteten Wei-

Ein Fjordpferdfohlen kann gerade so über die Boxentür schauen.

den mit Unterstand halten und sparten sich so das Geld für die gemietete Box. Die robusten Kleinpferde ernährten sich im Sommer vom Gras der Weide und im Winter von Heu, benötigten nur wenig oder gar kein Kraftfutter und stapften und galoppierten mit ihren Reitern willig über Wiesenwege und Waldpfade.

Nicht zuletzt durch Cowboyfilme, Indianerromane und USA-Reisen angeregt, wurde ein weiterer »fremdländischer« Pferdetyp nach Mitteleuropa geholt: das Westernpferd. Menschen, die sich für Rodeos und Wildwestromantik begeisterten, importierten Quarter Horses,

Tennessee Walkers und Appaloosas und konnten bald feststellen, dass sich die Pferde dieser Rassen ausgezeichnet als Geländepferde eigneten.

Barock- und Vollblutpferde Das Barockpferdereiten ist eine wiederentdeckte und sehr alte Reitweise. Sie gründet auf den Lektionen der Hohen Schule (siehe S. 25). Neben den Lipizzanern, denjenigen Pferden, die die Spanische Hofreitschule in Wien einsetzt, eignen sich dafür besonders Pferderassen von der Iberischen Halbinsel (Andalusier und Lusitanos) sowie Friesen und Knabstrupper, also nicht allzu große Pferde mit kurzem Rücken und eleganten Bewegungen.

Aus Südamerika wurden ab den 1980er-Jahren die Criollos als unkomplizierte Freizeitpferde eingeführt (siehe Kasten S. 31). Tatsächlich sind sie nicht nur genügsam und robust, sondern auch unglaublich ausdauernd und werden bei uns inzwischen – wie schon lange in ihrer Heimat – auch als Polopferde eingesetzt.

Das Arabische Vollblut wird von vielen als *das* Pferd schlechthin angesehen: Es ist elegant, sensibel, anhänglich, ausdauernd und sehr, sehr schnell. Und überraschenderweise auch robust und viel weniger nervös, wenn es die dunkle Box gegen einen großen Auslauf mit netter Pferdegesellschaft eintauschen darf.

Die mit den Elchschaufeln Die ungefähr 1,60 bis 1,70 m großen Tiere wurden ab dem 18. Jahrhundert im Gestüt Trakehnen in Ostpreußen gezüchtet, doch gibt es die berühmte Rasse schon seit dem 13. Jahrhundert. Die einstigen Pferde der Ritter des Deutschherrenordens und späteren Militärpferde machten sich als Dressurpferde einen Namen, werden heute aber auch als elegante Kutschpferde sowie als Jagd-, Gelände- und Schulpferde geschätzt. Besonders erfolgreich sind sie überdies in Vielseitigkeitsprüfungen. Im Zweiten Weltkrieg flohen Gestütangestellte mit einem kleinen Teil der Pferde aus Trakehnen in den Westen. Die zurückgebliebenen Tiere wurden gemeinsam mit Pferden anderer Rassen (u. a. Englisches Vollblut, Arabisches Vollblut, Hannoveraner und Konik) zu Stammeltern der polnischen Rasse Wielkopolska. Den Elchschaufelbrand behielten die deutschen Trakehner bei. Er erinnert daran, dass in dem Ursprungsgebiet dieser Pferderasse Elche durch die Wälder ziehen.

Trakehner stürmen auf die Weide des alten Gestüts Trakehnen. Rechts unten: die Elchschaufeln

Polopferde müssen hart ran und immer am Ball bleiben. Dafür werden sie im Laufe des Spiels öfters ausgetauscht.

1 Deutsches Reitpferd
148–170 cm
2 Achal-Tekkiner
150–160 cm
3 Englisches Vollblut
152–173 cm
4 Knabstrupper
153–157 cm
5 Andalusier
155–162 cm

4 5

Vielseitige Sportkameraden

Quadrillereiten – das Reiten von Hufschlagfiguren in Formation – ist eine beliebte Variante des Dressurreitens. Hier üben 70 Haflinger und ihre Reiter für die bisher größte Quadrille der Welt.

Schwarzwälder Kaltblüter beim Schaupflügen

Sportliche Zugpferde: Kaltblüter bei einer Geländeprüfung für Vierspänner

Abwechslung ist Trumpf

Im Lauf der letzten Jahrzehnte verschwammen die Grenzen zwischen dem lässigeren Freizeitreiten und dem förmlicheren, stärker am Leistungssport orientierten Reiten in den Reitvereinen. Haflinger und Fjordpferde traten bei Dressur- und Springturnieren an, Freizeitreiter kauften sich Trakehner und hielten sie im eigenen Offenstall hinter dem Haus, und Englische Vollblüter und edle Traber, die auf der Galopp- oder Trabrennbahn nicht oder nicht mehr erfolgreich waren, wurden zu Geländepferden »umgeschult«. Die Züchtung deutscher Sportpferderassen wie Bayerisches Warmblut, Holsteiner oder Hannoveraner ist mittlerweile nicht mehr ausschließlich an Erfolgen im Leistungssport ausgerichtet, sondern zielt auch darauf ab, gelassene und vielseitig einsetzbare Tiere hervorzubringen.

Auch Sportpferde haben Ruhephasen, in denen sie auf die Weide dürfen.

Fahrsport Freizeit mit Pferden findet heute nicht mehr ausschließlich im Sattel statt. Viele Pferdefreunde begeistern sich für das Fahren mit einzelnen Pferden oder Gespannen, das sich im Laufe des letzten Jahrhunderts von einer alltäglichen Fortbewegungsart zu einem schönen,

1   2   3

wenn auch etwas aufwendigen Hobby entwickelte. Eingespannt werden Ponys, leichte oder schwere Warmblüter oder aber Kaltblüter.

Neue Aufgaben Als klar wurde, dass die Technik das Pferd aus unserem Alltag verdrängte, musste man sich um den Fortbestand der Kaltblutrassen ernsthafte Sorgen machen. Lange Zeit tauchten sie nur noch bei seltenen Gelegenheiten auf, etwa wenn sie bei Festumzügen schwere Brauereiwagen zogen. Dann aber wurden Kaltblutpferde als wertvolle Helfer bei der Arbeit im Wald und in speziellen Bereichen der Landwirtschaft wiederentdeckt, und es begannen sich Freundeskreise zu bilden, die sich für den Erhalt dieser Pferderassen einsetzten. Mehr und mehr Reiter begeistern sich für die meist ruhigen und freundlichen Tiere dieser »Schrittpferderassen« (so bezeichnet, weil der Schritt ihre Lieblingsgangart sein soll) und inzwischen gibt es für sie Sättel, Zaumzeug und anderes wichtiges Zubehör in »Übergröße« zu kaufen. Gerade die leichteren Kaltblutrassen Freiberger und Schwarzwälder Fuchs, aber auch die kräftigeren Percherons und die beeindruckenden Shire Horses, die größten aller Rassepferde, werden wegen ihrer Ausdauer und ihres ruhigen Wesens geschätzt.

Araber – aber welcher? »Den Araber« wirst du nirgends zu Gesicht bekommen, denn der Begriff umfasst mehrere Rassen, die sich durch Aussehen, Herkunft und Zuchtgebiet unterscheiden. So gibt es neben dem Arabischen Vollblut oder Vollblutaraber den in arabischen Ländern gezogenen, zierlicheren Asil-Araber und den ursprünglich in Osteuropa gezüchteten kräftigeren Shagya-Araber. Alle Englischen Vollblüter stammen von einem Araberhengst, einem Achal-Tekkiner oder Turkmenenhengst oder einem Berberhengst ab, sind also eng mit »dem Araber« verwandt. Ähnliches gilt für die Haflinger, von denen etliche den »wilden Wüstenblick« ganz gut hinbekommen. Anglo-Araber gingen aus der Kreuzung von Arabischen und Englischen Vollblütern hervor. Zur Veredlung wurden Vollblutaraber ebenso wie Englische Vollblüter in zahlreiche Pferderassen eingekreuzt.

Araber sind der Traum vieler Pferdefreundinnen und -freunde. Die edle Haltung, der feine Kopf und die eleganten Bewegungen faszinieren, die Ausdauer, der Mut und die Treue dieser Pferde sind Legende.

Dülmener Wildpferde
Im Merfelder Bruch, einem Naturschutzgebiet bei Dülmen in Westfalen (siehe S. 60–61), leben diese kleinen Falben frei und sich weitgehend selbst überlassen, d. h., sie werden – außer in strengen Wintern – nicht gefüttert und getränkt und haben auch keine Ställe oder Unterstände zur Verfügung. Allerdings bringt man, um Inzucht zu vermeiden, immer wieder falbe Ponys anderer Rassen in die sogenannte ›Wildbahn‹. Damit die ungefähr 300 Tiere zählende Herde nicht zu groß für ihren Lebensraum wird, werden jährlich im Mai junge Hengste versteigert.

4

5

1 Lipizzaner 155–165 cm
2 Percheron 150–180 cm
3 Friese 155–175 cm
4 Trakehner 160–180 cm
5 Shire Horse 163–185 cm

Nervenkitzel für Zuschauer, Rennreiter und nicht zuletzt für die Pferde: ein Galopprennen im Jahr 1897

Pferdearbeit und Pferdesport

Als mit der Erfindung der Dampfmaschine Mitte des 18. Jahrhunderts die Industrielle Revolution und damit das Zeitalter der Maschinen begann, verloren Arbeitspferde deshalb nicht über Nacht ihre Bedeutung. Ganz im Gegenteil: Weil immer mehr Menschen in die Städte zogen, wurden auf dem Land die Arbeitskräfte knapp. Man ersetzte sie soweit möglich durch Maschinen, die zunächst von Pferden gezogen oder angetrieben wurden.

Und damit die Städter ihre Arbeitsplätze in Fabriken und Büros erreichen konnten, wurden ebenfalls Pferde eingesetzt. Sie zogen die neuen öffentlichen Verkehrsmittel Pferdeomnibus und Pferdetram.

Bis ein Eisenbahnstreckennetz aufgebaut war, verbanden von Pferden gezogene Postkutschen Stadt und Land sowie die Städte untereinander und ermöglichten sogar Reisen von Land zu Land. Mit Obst, Gemüse, Getreide, Fleisch oder Fisch beladene Pferdewagen belieferten Märkte, Großmärkte und Händler und sorgten somit dafür, dass die Städter etwas zu essen hatten.

Selbst in den Innenstädten war bis in die ersten Jahrzehnte des 20. Jahrhunderts hinein der Anblick von Pferden alltäglich: Große und kleine Pferdewagen lieferten Waren aus, brachten Fässer mit Bier und Wein zu den Gaststätten und Holz, Kohlen oder Milch zu den Menschen nach Hause. Die Rufe von Kohlenhändlern, Fuhrleuten und Milchmännern, die mit ihren Karren und Wagen durch die Stadt zogen und die Peitschen knallen ließen, waren weithin zu hören.

Auch in der damals noch knappen Freizeit der Städter spielten Pferde eine wichtige Rolle: In einer Welt, in der es noch lange kein Fernsehen und keine Freizeitparks gab, boten Pferderennen willkommene Unterhaltung und Ablenkung von den täglichen Mühen und Sorgen.

Stadt, Land, Pferd

Pferde treiben eine Erntemaschine an.

Der Wallach Blitz treidelt einen Ausflugskahn.

Ein Pferd zieht einen Mähdrescher.

Im Gebirge werden schon lange die trittsicheren Maultiere eingesetzt.

Pferde als Zug- und Packtiere

Wenn du das erste Mal einem Kaltblut begegnest, wirst du sicher beeindruckt sein, weil es so groß und kräftig ist. Besonders kräftige Schläge wurden im späten 19. und frühen 20. Jahrhundert gezüchtet, als aufgrund der zunehmenden Industrialisierung der Landwirtschaft Zugtiere für die größer gewordenen Mähdrescher oder andere schwere Fahrzeuge und Maschinen gebraucht wurden. Selbst Lastkähne wurden von Pferden gezogen. Dazu legte man entlang von Flüssen und Kanälen sogenannte Treidelpfade an. Auf diesen Pfaden zogen Pferde die Kähne flussaufwärts.

Pferde waren jahrhunderte- und jahrtausendelang wichtige Verkehrsmittel und wurden sowohl als Reittier wie auch als Saumtier (ein anderer Ausdruck für Packtier) eingesetzt. Gerade im Gebirge, wo es keine ausgebauten Straßen, sondern nur schmale Pfade gibt, besteht vielerorts auch heute noch keine andere Möglichkeit, Lasten über weite Strecken zu befördern. Als besonders geeignet für den Transport von Lasten im Gebirge, weil sehr ausdauernd und trittsicher, gelten neben Maultieren auch Haflinger. Beide wurden noch im Zweiten Weltkrieg eingesetzt, um Waffen, Ausrüstung und Proviant an ihre Bestimmungsorte zu bringen.

> ### Pferde und Pferdestärken
> Die Arbeitskraft der Pferde war für den Menschen über einen sehr langen Zeitraum hinweg so wichtig, dass die physikalische Einheit zur Messung von Arbeit an der Leistung eines Pferdes ausgerichtet und danach benannt wurde. Eine Pferdestärke – 1 PS – entspricht der Kraft, die nötig ist, um einen 75 kg schweren Körper mit der Geschwindigkeit von einem Meter pro Sekunde zu bewegen. Umgekehrt heißt das aber nicht, dass jedes Pferd über die Kraft von einer Pferdestärke verfügt, so wie ein Auto 60, 80 oder 120 PS hat: Ein Pferd kann kurzfristig sogar 20 PS entwickeln, wenn es z. B. gerade sehr kraftvoll und schnell galoppiert.

Auch Haflinger sind sehr trittsicher, wie Wallach Nados bei einer Gebirgsjägerübung 2004 im Hochgebirge wieder einmal beweisen konnte.

Reisen zu Pferd – das klingt spannend, ist aber wenig bequem. Wenn man mehrere Tage unterwegs sein wird und das Tier nicht überanstrengen will, kann man am Tag höchstens 40 Kilometer zurücklegen. Auch für den Menschen ist das stundenlange Reiten ganz schön mühselig. Abgesehen davon lässt sich am Sattel und in Packtaschen nicht allzu viel Gepäck verstauen, zumal das Pferd dieses zusätzliche Gewicht ja auch noch tragen muss.

Wesentlich bequemer war das Reisen mit der Postkutsche – auch für die Pferde, die an den Stationen gegen frische Gespanne ausgewechselt wurden und sich dann erst einmal ausruhen durften. Postkutschen waren nicht nur im Wilden Westen, sondern auch bei uns in Europa sehr verbreitet. Als es noch keine oder nur wenige Eisenbahnstrecken gab, waren sie das wichtigste öffentliche Verkehrsmittel für längere Reisen.

Wer reich genug war, reiste nicht mit der Postkutsche, sondern mit eigenen Wagen und Gespannen. Dazu musste er natürlich eigene Pferde haben und eine oder auch mehrere Kutschen besitzen und einen Kutscher einstellen. Mit den kleineren, leichteren Kutschen ließ er sich in die Stadt bringen oder machte nur so zum Vergnügen eine »Ausfahrt« oder eine »Landpartie«. Die größeren Reisekutschen waren so gebaut, dass man in ihnen einigermaßen komfortabel längere Strecken zurücklegen konnte, in weit entfernte Orte und sogar ins Ausland.

Hochzeitsreisen unternahm man früher gerne mit der Postkutsche.

Flucht zu Pferde Die Journalistin und Buchautorin Marion Gräfin Dönhoff floh gegen Ende des Zweiten Weltkriegs wie viele andere vor der sowjetischen Armee aus Ostpreußen in den Westen, nach Westfalen. Das Besondere an ihrer Flucht war, dass sie sie zusammen mit ihrem Trakehner Alarich unternahm. Die beiden legten die 1200 km lange Strecke in sieben Wochen zurück, bewältigten im Durchschnitt also gut 28 km am Tag.

Die Isländer und ihre Pferde Auf Island waren die Nachkommen der Pferde aus der Zeit der Wikinger lange das wichtigste Verkehrsmittel. Die ausdauernden, trittsicheren Pferde mit ihren harten Hufen kamen auch dort voran, wo es keine Straßen gab. Zuverlässig brachten sie die Bauern in die Stadt, den Arzt zu den Kranken und den Pfarrer zu den Sterbenden. Die Beziehung zwischen Ross und Reiter war mitunter so eng, dass Mensch und Pferd in einem gemeinsamen Grab ihre letzte Ruhe fanden. Auch als Packpferde verrichteten sie ihren Dienst. Sie trugen Wolle und Fleisch zu den Häfen und kamen, mit Stockfisch oder Holz beladen, zu den Höfen zurück.

Trotz aller Liebe zum Pferd schreckten die Isländer nicht davor zurück, Pferdefleisch zu essen. In vielen anderen Ländern der Welt – u. a. auch bei uns in Deutschland – gibt es Pferdemetzgereien und Liebhaber des ausgesprochen mageren Fleisches.

In Island waren Pferde lange Zeit die einzigen Transportmittel – gab es keine Fahrwege, trugen sie auch die Särge zum Friedhof.

Stadt, Land, Pferd

Unfallursache: Achsbruch

Ponykutsche mit Zarenkind: Die russische Großfürstin Maria Alexandrowna bei einer kleinen Ausfahrt in St. Petersburg (19. Jahrhundert)

Kutschpferd und Grubenpony

Ebenso wie heute blieben auch in früherer Zeit Unfälle im Straßenverkehr nicht aus. Auf ungeteerten Wegen und Kopfsteinpflaster waren etwa Achsenbrüche keine Seltenheit. Manche Unfälle wurden auch vom Kutscher verursacht, vor allem, wenn er übermüdet war – oder zu viel getrunken hatte. Häufigste Unfallursache aber waren die Pferde selbst: Wenn sie durchgingen und der Kutscher sie nicht sofort wieder unter Kontrolle bekam, wurden sie zu einer tödlichen Gefahr für Kutscher, Fahrgäste, sich selbst und alle Passanten, die sich nicht schnell genug in Sicherheit bringen konnten.

Auch Ponys zogen Kutschen: kleine Wagen, die etwa als Spielzeug für die Kinder reicher Leute gedacht waren. Wesentlich weniger schön als die verwöhnten Ponys in den Ställen der Begüterten hatten es die Grubenponys. Sie zogen die Loren, kleine, aber trotzdem schwere Wagen, in denen Abraum, Kohle oder Erz in den engen, dunklen Bergbaustollen befördert wurden.

Wie die Grubenponys mussten auch die Pferde, die in der Landwirtschaft eingesetzt wurden, schwere Arbeit verrichten. Sie wurden vor den Pflug gespannt oder zogen schwer beladene Erntewagen vom Feld.

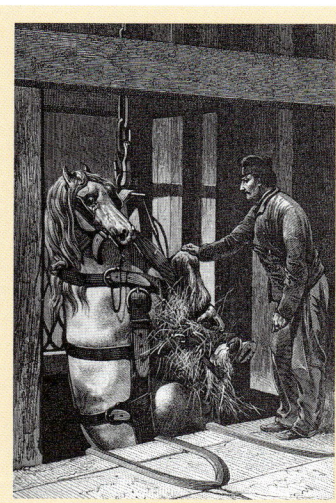

Ein Grubenpferd wird abgeseilt. Die Tiere wurden von den Bergleuten liebevoll versorgt.

Pferdearbeit unter Tage

Gut hundert Jahre lang wurden im Ruhrgebiet Grubenpferde eingesetzt. 1910 arbeiteten allein im Raum Dortmund über 800 Pferde unter Tage. Sie blieben dort Tag und Nacht und hatten auch ihre Boxen im Stollen. Später ersetzten Loks und Förderbänder die vierbeinigen Kumpel. Am 26. Juni 1966 ging Tobias, das letzte Grubenpferd, nach zwölf Jahren Dienst in der Zeche General Blumenthal in Recklinghausen in den wohlverdienten Ruhestand, den er auf einem Bauernhof verbrachte.

Pferde als Landschaftspfleger. Zu den Aufgaben, die sich Pferde wohl gern aussuchen würden, wenn sie es könnten, zählt heute die Landschaftspflege. Um offene Landschaften wie z. B. Heiden zu erhalten, ist man dazu übergegangen, neben Rehwild, Schafen oder Heidschnucken auch Pferde einzusetzen. Pferde halten mit ihren Zähnen das Gras kurz, verdichten den Boden, indem sie darauf laufen oder sich wälzen, und lockern ihn an anderen Stellen durch Scharren. Durch das Scharren beseitigen sie außerdem Moos und schaffen wieder Platz für Gräser. Sie bringen Bäume dazu, abzusterben, indem sie ihre Rinde abknabbern, zertreten Schösslinge und sorgen auf diese Weise dafür, dass eine Wiesen- oder Heidelandschaft nicht von Gestrüpp überwuchert oder aber vom Wald zurückerobert wird. Denn offene Landschaften, die nicht landwirtschaftlich genutzt oder in irgendeiner Weise bebaut sind, sind selten geworden. Und sie sollen nicht nur deshalb erhalten werden, weil sie schön anzusehen sind, sondern auch weil sie zum Lebensraum für zahlreiche Tier- und Pflanzenarten wurden, die in ihnen ein Rückzugsgebiet fanden.

Nichts wie weg! Als die ersten Autos auftauchten, waren sie den Pferden unheimlich und es dauerte lange, bis sich die Tiere an diese lauten, stinkenden Dinger gewöhnten. Die 1909 geborene Marion Gräfin Dönhoff (siehe S. 41) erinnerte sich: »Wenn sich einmal ein Auto auf die Landstraßen Ostpreußens verirrt hatte, scheuten alle Pferde, und man musste froh sein, wenn sie nicht durchgingen. Ich habe es dann erlebt, dass der Bauer vom Wagen sprang, die Jacke auszog und sie dem Pferd über den Kopf hängte, damit es des Teufelswerks nicht ansichtig wurde.«

Was macht der Fuhrmann? Der Fuhrmann spannt den Wagen an, die Pferde ziehn, die Peitsche knallt, dass laut es durch die Straßen hallt. He he, Fuhrmann, he, he, he, holla he!

Volkslied aus Westfalen

Als »Rasenmäher« in der Heide
In der Döberitzer Heide westlich von Berlin (siehe S. 60–61) sollen Przewalskipferde gemeinsam mit Wisenten und Rothirschen dafür sorgen, dass eine jahrtausendealte Heidelandschaft erhalten bleibt und selten gewordenen heimischen Pflanzen- und Tierarten Lebensraum bietet. Die Tiere werden stufenweise ausgewildert, sodass sie schließlich in der Kernzone des von der Heinz-Sielmann-Stiftung betreuten Naturschutzgebiets weitgehend selbstständig leben können. Allerdings gibt es in schneereichen Wintern Zusatzfutter, und um Wurmkuren kommen die Tiere auch nicht herum: Sie werden mit dem Betäubungsgewehr verabreicht.

Ob Bier oder Milch, Gemüse, Kohlen oder die Post: Noch bis ins 20. Jahrhundert hinein wurde all das mit dem Pferdewagen geliefert.

Arbeitskollege Pferd

Alltag im Sattel Herrliche Landschaften, spannende Abenteuer, gemütliche Abende am Lagerfeuer bei einer Tasse Kaffee und einem Teller Bohnen mit Speck … Sah der Alltag der Cowboys wirklich so aus wie im Film und in der Werbung? Tatsächlich war das tagtägliche, stundenlange Sitzen im Sattel auf Dauer nicht sehr gesund, die Arbeit war anstrengend und gefährlich, der Lohn gering. Heute ziehen Cowboys mit den Herden nicht mehr über weite Strecken, sondern arbeiten meist auf einer Ranch, wo sie für die tägliche Versorgung des Viehs und die Instandhaltung der Zäune und Anlagen zuständig sind.

Pferdeherden hütet man am besten mit Pferden!

Rodeo und Bronco Riding Aus der Arbeit der Cowboys mit Rindern und Pferden entwickelte sich zum einen das Westernreiten (siehe S. 50) und zum anderen das besonders in den USA,

Mexiko und Kanada beliebte Rodeo, bei dem der meisterliche Umgang mit Pferd und Vieh im Mittelpunkt steht. Dabei sind Ausdauer, sportliches Können und sogar akrobatische Fähigkeiten gefragt. Beim Bronco Riding z. B. gewinnt, wer sich am längsten auf dem Rücken eines eigens zum Buckeln abgerichteten Pferdes hält.

Cowboys, Gauchos und Vaqueros

Eine Tätigkeit, die Pferden viel Spaß macht, sofern sie ein gewisses Talent dafür besitzen, ist das Hüten von Herden. Große Schafs-, Rinder- und auch Pferdeherden lassen sich am besten vom Sattel aus hüten, denn mit einem besonnenen, gut ausgebildeten Pferd ist der Hirte schnell dort, wo er eingreifen muss, um der Herde die Richtung vorzugeben, ihr Tempo zu drosseln oder zu beschleunigen und Nachzügler zur Eile anzutreiben.

In Nordamerika trieben (und treiben teilweise auch heute noch) Cowboys mit ihren Pferden Rinder von Weide zu Weide, zu Verladestationen der Eisenbahn, zum Viehmarkt und zum Schlachthof. Bei der Arbeit mit der Herde darf das Pferd keine Angst vor den zu hütenden Tieren haben. Auch darf es nicht seinem Herdentrieb nachgeben und einfach hinterherlaufen, sondern muss wissen, dass es im Rang über den Herdentieren steht. Die besten Hirtenpferde entwickeln zusätzlich zu dem Bewusstsein, etwas »Besseres« zu sein als die Kühe oder Schafe, mit denen sie täglich zu tun haben, noch eine besondere Fähigkeit. Die Cowboys nennen sie *cow sense,* was übersetzt »Sinn für Rinder« bedeutet. Ein Pferd mit *cow sense* beobachtet die Rinder genau und liest an ihrem Verhalten ab, was sie als Nächstes vorhaben. Für einen Hirten ist ein derartiges Pferd, das so gut mitarbeitet wie ein Hirtenhund, ein wertvoller Partner.

Der Sattel als Arbeitsplatz. Auch in Südamerika gibt es bis heute berittene Hirten, die dort aber nicht Cowboys genannt werden, sondern Gauchos oder Vaqueros. Hirten zu Pferde gab und gibt es außerdem in Island, Australien, Zentralasien und in der Mongolei. Die Mongolen sind ein altes Reitervolk, das im Mittelalter unter Dschingis Khan und seinen Nachfolgern große Teile Asiens und Osteuropas eroberte. Heute widmen sich die mongolischen Reiter zusammen mit ihren Pferden friedlicheren Aufgaben: dem Hüten und Versorgen großer Herden von Kamelen, Schafen, Ziegen und … Pferden. Pferde werden in der Mongolei nämlich nicht nur als Reit- und Packtiere genutzt, sondern – sofern es sich um weibliche Pferde handelt – auch gemolken: Die Milch der Stuten liefert in der mongolischen Steppe, in der es wenig Obst und Gemüse gibt, lebenswichtige Vitamine. Sie wird frisch oder gegoren als Kumys (schmeckt so ähnlich wie Kefir) getrunken.

Der Hirte treibt seine Schafe vom Sattel aus.

Ein Gaucho in Paraguay bei der Arbeit mit Pferd und Herde

Reitervölker Die bekanntesten Reitervölker sind wohl die Prärieindianer Nordamerikas und die Mongolen, aber es gibt noch viele andere: Die Kasachen, Tataren, Afghanen und Türken, die Rajputen in Indien, die Araber, die nordafrikanischen Berber und die Mapuche in Südamerika sind nur einige von ihnen. Zu den europäischen Völkern, in deren Kultur und Wirtschaftsweise das Pferd lange Zeit im Mittelpunkt stand, zählen neben den Magyaren (Ungarn) auch die Isländer (siehe S. 41).

Das wildeste Rennen der Welt
Ein Höhepunkt im Leben der Bewohner der Mongolei, aber auch von Pferdefreunden aus aller Welt sind die im Rahmen des alljährlich im Juli stattfindenden Nationalfests Naadam veranstalteten Pferderennen. Die Rennstrecke ist sehr lang, bis zu 30 km, und führt über die offene Steppe anstatt wie bei uns über ein eingegrenztes Oval. Eine weitere Besonderheit: Alle teilnehmenden Reiter sind Kinder.

Damit Stuten Milch geben, müssen sie ebenso wie Kühe, Schafe und Ziegen regelmäßig gemolken werden.

Pferde im Sport

Isabell Werth und ihr Wallach El Santo führen in Münster bei der Deutschen Dressurmeisterschaft 2010 die Piaffe vor.

Auch ein frei trabendes Pferd auf der Weide ist schick und elegant!

Sport oder Tierquälerei? Die Arbeit mit dem Reiter macht Pferden normalerweise Spaß – vorausgesetzt, sie werden nicht überfordert und man fügt ihnen keine Schmerzen zu. Leider gibt es aber sowohl im Turnier- wie auch im Freizeitsport immer wieder Menschen, die meinen, die Tiere quälen zu müssen, um bessere Leistungen zu erzielen. Eine unter vernünftigen Reitern verpönte Methode ist das Barren: Während das Pferd über das Hindernis springt, wird die Stange angehoben, damit es dagegenstößt, sich wehtut und beim nächsten Mal höher springt. In der Dressur wird die sogenannte Rollkur angeprangert: Dabei wird dem Pferd mit Zügel oder Hilfszügel das Kinn gegen die Brust gezogen, damit es eine »elegante« Haltung annimmt.

Durch Voltigieren das Reiten lernen
Wenn du Lust bekommst, reiten zu lernen, könntest du es zunächst einmal mit Voltigieren probieren, dem Turnen auf dem Pferd. Dazu braucht man keine teure Ausstattung und man bekommt mit etwas Übung ein sehr gutes Gefühl für die Bewegungen des Pferdes. Wer zuerst an Voltigierstunden teilgenommen hat, wird beim Reiten schneller sattelfest.

Dressur und Springen

Auch Ausbildung und Training von Sportpferden wird als »Arbeit« bezeichnet – und das zu Recht, denn ein aktives Sportpferd muss einiges leisten. Dressurpferde, Springpferde, Militarypferde, Galopper und Traber, Pferde für Westernturniere, Distanzritte oder Gangpferdeprüfungen werden alle gezielt durch tägliches Training gefördert. Verantwortungsbewusste Trainer achten jedoch darauf, ihre Schützlinge nicht zu überfordern und ihnen trotz Leistungsdruck ein pferdegerechtes Leben zu ermöglichen.

Dressur Die Dressurlektionen sind etwas, das Pferde von Natur aus beherrschen. Die Fähigkeit, die Grundgangarten in verschiedenen Geschwindigkeiten auszuführen, ist ihnen ebenso angeboren wie das Bedürfnis, sich einem möglichen Paarungspartner vorteilhaft zu präsentieren. Aus natürlichen Verhaltens- und Bewegungsmustern arbeiteten Reiter im Laufe der Zeit die Lektionen heraus, die Pferde heute bei Dressurprüfungen oder bei Vorführungen der Hohen Schule zeigen. Wenn das Piaffieren, das Traben auf der Stelle, bei einem ausgebildeten Turnierchampion besser aussieht als bei einem aufgeregten Hengst auf der Weide, liegt das natürlich daran, dass diese Lektion sorgfältig eingeübt wurde.

Das klassische Dressurreiten ist das Ergebnis einer jahrhundertelangen Entwicklung der Reitkunst, zu der die Armeen Europas nicht wenig beitrugen. So, wie es heute unterrichtet und bei Turnieren vorgeführt wird, leitet es sich zumindest zum Teil von der Ausbildung der Kavalleriesoldaten ab. Die Bezeichnung »Abteilung« für eine Gruppe von Reitschülern ist ebenso ein Erbe der militärischen Vergangenheit wie der Brauch, von links aufzusatteln oder auf- und abzusteigen.

Aufsteigen von links für die Reitstunde. Das Treppchen macht es bequemer.

Die heutigen Dressurpferde führen ein ungefährlicheres Leben als ihre sozusagen zum Wehrdienst gezwungenen Vorfahren, aber viel beschaulicher ist es trotzdem nicht. Damit sie die Muskeln aufbauen, die sie für die Ausführung der Dressurlektionen benötigen, müssen sie täglich longiert oder geritten werden. Gelegentliche Ausritte in die freie Natur und das Springen mit oder ohne Reiter über kleine bis mittlere Hindernisse ergänzen ihr Trainingsprogramm.

Springpferde Nicht viel anders sieht der Alltag eines Springpferds aus, nur dass hier natürlich das Springen über Hindernisse den Schwerpunkt bildet. Die Fähigkeit, über Dinge hinwegzuspringen, die ihm beim Laufen im Weg stehen, ist jedem Pferd angeboren. Wie gut und wie gerne es springt, ist allerdings von Pferd zu Pferd verschieden. Es ist die Aufgabe der Ausbilder, herauszufinden, welche jungen Pferde ein besonderes Talent für das Springen haben, und diese Begabung zu fördern, die dann auf Turnieren laufend geprüft wird.

Ein Anblick, der Schaulustige anzieht: Ein Dragonerregiment reitet vorbei (19. Jahrhundert).

Das »Wunderpferd« Halla Die 1945 geborene braune Stute Halla machte kurz Karriere als Rennpferd bei Hindernisrennen. Dann wurde sie zum Militarypferd (Vielseitigkeitspferd) ausgebildet, war für die Turniere aber zu nervös. Ihr neuer Reiter Hans Günter Winkler brachte ihr bei, ruhiger zu werden, und trainierte sie als Springpferd – mit unglaublichem Erfolg: Gemeinsam errangen die beiden im Springen 125 Siege, drei davon bei Olympischen Spielen, bei denen Halla jeweils Gold gewann. 1960 beendete die Stute ihr Turnierpferdedasein und bekam in den nächsten Jahren acht Fohlen. Sie starb 1979 mit 34 Jahren als uralte Pferdedame.

Das »Wunderpferd« Halla unter Hans Günter Winkler beim Jagdspringen, Olympiade Stockholm, 1956

Reitschule ist nicht gleich Reitschule
Willst du reiten lernen? Dann such dir eine Reitschule, die nicht zu weit von deinem Zuhause entfernt ist, damit du regelmäßig hinfahren kannst. Wichtig ist, dass die Pferde dort artgerecht gehalten werden, geräumige, helle Ställe haben und sich außerhalb der Reitstunden auf Ausläufen und Koppeln austoben können. Die Reitlehrer sollten freundlich und geduldig sein und außerdem einen Trainer- oder Sportwartschein vorweisen können.

Dressur- und Springturniere sind je nach Schwierigkeitsgrad in Klassen eingeteilt.
E steht für Einsteiger, **A** für Anfänger,
L für Leicht, **M** für Mittel und **S** für Schwer.

Auf der Rennbahn zu Hause

Ein Galopprennen in Dubai 2010

Trabrennen können eine staubige Angelegenheit sein!

Der berühmte Palio di Siena in Italien gilt als eines der härtesten Pferderennen der Welt. Das Galopprennen auf ungesattelten Pferden wird seit 1224 ausgetragen.

Ein Traber mit Sulky und Fahrer. Wagen und Geschirr müssen äußerst leicht und stabil sein.

Galopp- und Trabrennen

Ebenfalls angeboren ist Pferden die Lust daran, mit der Herde zu galoppieren und dabei die anderen möglichst zu überholen. Vielleicht brachte dies Menschen eines Tages auf die Idee, Pferderennen zu veranstalten. Dieser Tag muss schon sehr lange zurückliegen, denn bereits in der Antike waren Pferderennen eine beliebte Freizeitunterhaltung. Damals wurden die Pferde noch ohne Sattel und Steigbügel geritten. Heute wird dem Galopper vor dem Rennen ein sehr leichter Sattel aufgeschnallt. Die Steigbügelriemen an diesem Sattel sind so stark verkürzt, dass der Jockey mehr über dem Pferd steht, als dass er auf ihm sitzt. Dadurch kann das Pferd seinen Rücken im Galopp frei bewegen, was seine Schnelligkeit erhöht.

Der »Reiter von Artemision« (2. Jh. v. Chr.)

Galopprennen Bei uns treten bei einem solchen Wettrennen gewöhnlich Englische Vollblüter gegeneinander an. Es gibt aber in den arabischen Ländern und den USA Galopprennen, die Arabischen Vollblütern vorbehalten

Ein arabischer Reiter mit seinem prächtig geschmückten Pferd bei einer Fantasia-Vorführung

aktiv

Ein Tag an der Rennbahn

Frage deine Eltern, ob ihr zusammen ein Trab- oder Galopprennen besuchen könnt. Vergiss nicht, ein Fernglas mitzunehmen!

sind. Ebenfalls in den USA gibt es Rennen für Quarter Horses. Diese Rasse, die traditionell die Pferde für die Arbeit mit Rindern und für Westerndisziplinen stellt, heißt so, weil sie auch für Rennen gezüchtet wurde, die über eine Viertelmeile (ungefähr 400 m) gehen. Zum Vergleich: Bei Galopprennen in Europa sind Strecken von 800 bis 4200 m (Flachrennen) bzw. bis zu 7000 m (Hindernisrennen) üblich.

Trabrennen sind die moderne Variante der Wagenrennen, denn die Traber ziehen im Rennen leichte, Sulkys genannte Wagen, in denen die Fahrer sitzen. Während des Rennens dürfen die Pferde, die Geschwindigkeiten von bis zu 50 Stundenkilometern erreichen, nicht die Gangart wechseln. Wer »anspringt«, also aus dem Trab in den Galopp fällt, wird disqualifiziert. Gelaufen werden Trabrennen über Strecken, die zwischen 1600 und 2300 m lang sind. Trabrennpferde stellen eine eigene, Traber genannte Rasse dar, die u. a. von russischen, französischen, englischen und amerikanischen Warmblutrassen abstammt und in die Vollblüter eingekreuzt wurden.

Neuerdings werden auch im deutschsprachigen Raum Trabrennen mit Reiter veranstaltet, wie es sie früher fast nur in den USA gab.

Eine erfrischende Dusche nach dem Rennen

Jockeys und Jocketten Bei Galopprennen sind die Rennreiter – wenn es sich nicht um ein sogenanntes Amateurrennen handelt – Profis, d. h. speziell für diese Aufgabe ausgebildet, und zwar als »Pferdewirt Pferderennen« (siehe dazu auch S. 54). Im Laufe dieser Ausbildung lernen sie nicht nur, die Rennpferde zu versorgen und auf ihre speziellen Bedürfnisse einzugehen, sondern auch, sie zu trainieren und in Rennen zu reiten. Wer diese Lehre abgeschlossen hat, ist dann übrigens gelernter Pferdewirt, aber noch kein Jockey. »Jockey« oder »Jockette«, wie die weibliche Form lautet, ist nämlich ein Titel, den man erst tragen darf, wenn man 50 Rennen gewonnen hat.

Die Jockette Kathi Werning

Fragen an die Jockette und Trainerin Kathi Werning

Wie viele Stunden am Tag trainiert ein Rennpferd?
Ungefähr 60 Minuten. Bei der täglichen Morgenarbeit wird es auf einem Reitzirkel 15 Minuten im Schritt geritten und anschließend 10 Minuten im Trab. Auf einer Sandbahn wird das Pferd danach in einer Gruppe erst angetrabt, dann in langsamem Galopp geritten, damit sich die Muskeln aufwärmen, bevor es einen schnelleren Galopp über 800 m gehen darf. Zum Abschluss wird es 20 Minuten im Schritt geführt.

Wie lange dauert eine Rennpferdkarriere?
Sie beginnt, wenn das Pferd 18 Monate alt ist. Manche Pferde sind schon mit 30 Monaten rennreif, die meisten starten aber erst im dritten Lebensjahr. Im Jahr nimmt ein Galopper an ungefähr neun Rennen teil und hat dann eine Ruhepause mit leichterer Arbeit und Weidegang. Mit sieben oder acht Jahren wird es zum Reitpferd umgeschult.

Rennpferde kommen viel herum. Haben die Tiere auch Freunde und Bezugspersonen?
Auf der Koppel und im Stall nimmt jedes Pferd Kontakt mit den anderen Pferden auf und sieht sie als seine Herde an. Seine Bezugspersonen sind seine Reiter, Trainer und Pfleger. Wenn sie in die Nähe der Box kommen, begrüßt es sie durch Wiehern.

Besser, schneller, schöner

Reiten wie ein Cowboy Springturniere mit Westernsattel gibt es nicht, dafür aber verschiedene Arten von Dressurturnieren. Beim *Pleasure* sollen Pferd und Reiter elegante Gänge und Gangwechsel zeigen, beim *Reining* werden schwierigere Aufgaben ausgeführt, darunter der *Sliding Stop* (Halten aus dem Galopp). Beim *Trail* geht es darum, an Dingen vorbei- oder über sie hinwegzureiten, vor denen Pferden normalerweise Angst haben, wie z. B. Flatterbänder, Brücken und Wippen. Beim *Cutting* wird die Arbeit mit Rindern vorgeführt: Ohne dass sein Reiter eingreift, soll das Pferd dabei selbstständig ein Rind von der Herde trennen.

Westernreiten, Distanzreiten und Gangpferdeprüfungen

Dressur- und Springturniere kennst du sicher – ob »live« oder aus dem Fernsehen –, und vielleicht bist du mit deinen Eltern auch schon mal auf einer Galopp- oder Trabrennbahn gewesen. Die hier vorgestellten Reitweisen sind dagegen etwas exotischer, aber nicht weniger interessant und sehenswert!

Das Westernreiten entwickelte sich aus der täglichen Arbeit der Cowboys und ihrer Pferde. Diese Reitweise soll die stundenlange gemeinsame Arbeit erleichtern. Die Körperhaltung von Pferd und Reiter wirkt entspannt. Dennoch reagiert ein gut ausgebildetes Westernpferd auf die leisesten Signale und führt – ebenso wie ein in der klassischen Dressur ausgebildetes Pferd – Wechsel von Gangart und Geschwindigkeit, Wendungen und andere Aufgaben so aus, dass man beim Zuschauen kaum merkt, dass der Reiter gerade ein Kommando gegeben hat.

Beim Distanzreiten ist es egal, welche Gangart Pferd und Reiter wählen – Hauptsache, sie kommen als Erste und gesund durchs Ziel! Weil die Strecken, über die diese Rennen gehen, sehr lang sind (zwischen 25 und 160 km!) und außerdem durch offenes Gelände führen, könnte kein Pferd der Welt die gesamte Strecke im Galopp zurücklegen. Es geht mal bergauf, mal bergab, über Wiesen und durch Wälder, und mit der Landschaft wechselt natürlich auch das Geläuf (der Boden) ständig. Um sicherzustellen, dass die Pferde für die gestellten Anforderungen fit genug sind und den Wettbewerb gut meistern können, gibt es in festgelegten Abständen Stationen, an denen Tierärzte Atmung, Puls und die allgemeine Verfassung der vierbeinigen Athleten prüfen.

Beim Trailreiten kommt es auf Geschicklichkeit und Gelassenheit an.

Beim Distanzreiten läuft der Reiter auch mal nebenher, um das Pferd zu schonen.

Islandpferde bei einem Galopprennen

Bei der Europameisterschaft der Islandpferde auf Eis: Töltprüfung (oben) und Speedpass (unten)

Töltprüfung und Speedpass. Für Islandpferde gibt es Turniere und Rennen, bei denen die kräftigen Nordlichter ganz unter sich sind. Der Grund ist, dass Islandpferde zu den Gangpferden zählen. Das sind Pferde, die zusätzlich zu den drei Grundgangarten Schritt, Trab und Galopp auch noch andere beherrschen. Bei Islandpferden sind dies Tölt und Pass. Tölt ist wie ein sehr schneller Schritt. Im Pass bewegt das Pferd nicht die diagonalen Beinpaare (z. B. hinten links und vorne rechts), sondern die seitlichen Beinpaare zu gleicher Zeit. Wie sie in Tölt oder in Pass gehen und ob sie die jeweils vorgeschriebene Gangart taktklar durchhalten, wird in Töltprüfungen bzw. Passprüfungen getestet. In beiden Gangarten werden auch Rennen abgehalten. Beim Speedpass z. B. geht es darum, in möglichst kurzer Zeit 100 m im Rennpass (schnellen Pass) zurückzulegen.

Vielseitigkeitsreiten Auch das Vielseitigkeitsreiten, früher Military genannt, hat seine Wurzeln in der Ausbildung der Kavalleriesoldaten. Bei den Prüfungen wird neben der Vielseitigkeit, der Rittigkeit (Gehorsam des Pferdes) und dem Springvermögen auch die Ausdauer getestet: Es gibt eine Dressurprüfung, einen Geländeritt und einen Springwettbewerb. In der Geländestrecke sind nicht allzu hohe, aber oft knifflige Hindernisse eingebaut.

So muss das Pferd z. B. über einen breiten Wassergraben oder von oben nach unten springen. Früher war die Geländestrecke sehr lang – bei den Olympischen Spielen 1912 noch 55 km! Inzwischen kann sie auch nur 4500 m kurz sein.

Harmonisches Zusammenspiel und blitzschnelle Reaktionen: Beim *Cutting* wird ein Rind von der Herde getrennt.

Der Umgang mit Pferden in allen Lebenslagen will gelernt sein.

Traumberufe rund ums Pferd

Wenn du Pferde sehr gerne hast und möglichst viel mit ihnen zusammen sein willst, könntest du reiten oder fahren lernen, Ferien auf einem Ponyhof verbringen, ein Pflegepferd oder eine Reitbeteiligung übernehmen oder dir sogar eines Tages ein Pferd kaufen.

Vielleicht möchtest du aber auch später einmal beruflich mit den geliebten Vierbeinern zu tun haben und wüsstest gerne, welche Möglichkeiten es da gibt. Auf den folgenden Seiten erfährst du einiges über Berufe rund ums Pferd und das Reiten. So eine Berufswahl will allerdings gut überlegt sein: Das Zusammensein mit Pferden ist schön, aber auch anstrengend. Pferde sind einerseits sehr große und kräftige Tiere, andererseits aber auch sehr empfindlich und feinfühlig.

Ob in der Freizeit oder im Berufsalltag: Der Umgang mit ihnen erfordert Sachverstand, Selbstbeherrschung, körperliche Fitness, Konzentration, Konsequenz, Zuverlässigkeit und Ausdauer, die Bereitschaft, jeden Tag aufs Neue auf sie einzugehen – und sehr, sehr viel Liebe.

Denn Pferde brauchen regelmäßige Betreuung und Sportpferde regelmäßiges Training. Pferdepfleger und Tierärzte, Jockeys und Schmiede und alle anderen, die dafür sorgen, dass es Pferden in Menschenobhut gut geht, müssen dies bei jedem Wetter, von früh bis spät und oft auch sieben Tage die Woche tun.

Und auch wer »nur« für ein Pflegepferd oder ein eigenes Pferd die Verantwortung übernommen hat, muss sich regelmäßig darum kümmern – nicht nur, damit das Tier gesund bleibt, sondern auch, damit zwischen Mensch und Pferd eine Beziehung entstehen und sich weiterentwickeln kann.

Mit Pferden arbeiten

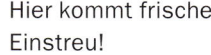

Hier kommt frische Einstreu!

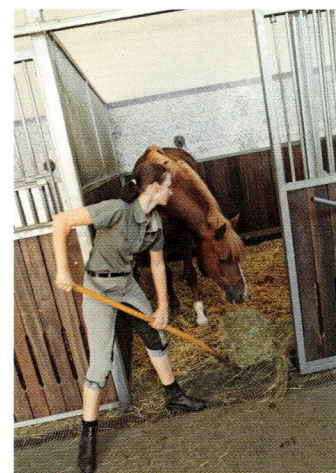

Ausritt am Strand. Der Reitlehrer (Mitte – leider gar nicht vorbildlich ohne Helm!) wacht über seine Schützlinge.

Ausbildungsberuf Pferdewirt

Viele pferdebegeisterte Mädchen und Jungen träumen von einem eigenen Reitstall. Wer so etwas anstrebt, sollte eine Ausbildung zum Pferdewirt machen. Bereits zu Beginn der Ausbildung muss man sich für einen Schwerpunkt entscheiden, wie z. B. »Pferdewirt Haltung und Service«. Sicherlich wäre es keine schlechte Idee, zuerst einmal in Pferdeställen und auf Ponyhöfen auszuhelfen und dort Ferienjobs oder Praktika zu übernehmen, um zu sehen, ob die Arbeit auch auf Dauer Spaß machen würde. Zur Ausbildung gehören in allen Sparten Stallarbeit und der alltägliche Umgang mit Pferden ebenso wie theoretischer Unterricht über Anatomie und Wesen des Pferdes, Pferderassen, Pferdekrankheiten, Ernährung, Stallbau, gesetzliche Bestimmungen rund ums Pferd und vieles andere mehr. Wer beruflich weiterkommen will, kann eine Meisterprüfung ablegen.

Zusätzlich besteht die Möglichkeit, eine Ausbildung zum Reitlehrer oder zur Reitlehrerin zu machen und dazu Trainerscheine zu erwerben.

Reitlehrer besitzen einen Trainerschein der Kategorie C, B oder A (A ist die höchste) für eine oder mehrere Reitsportdisziplinen. Voraussetzung dafür ist, sehr gut reiten zu können und dies durch den Erwerb von Reitabzeichen zu beweisen. Um einen Trainerschein zu bekommen, muss man an speziellen Kursen teilnehmen und eine Prüfung ablegen. Ein Trainer muss regelmäßig Fortbildungen besuchen und kann, wenn er sich dazu bereit fühlt, die Prüfung für den nächsthöheren Trainerschein ablegen. Es gibt hauptberufliche Reitlehrer und nebenberufliche, die ihre Reitstunden in ihrer Frei-

Eine Reitlehrerin erklärt den korrekten Sitz.

zeit erteilen. Reitlehrer unterrichten nicht nur zweibeinige, sondern auch vierbeinige Schüler: Sie bilden junge Pferde aus und trainieren oder korrigieren ältere. Manche Reitlehrer verlegen sich auf die Ausbildung und das Training von Pferden, also auf den sogenannten Beritt. Bereiter ist heute kein eigenständiger Beruf mehr, sondern eine Spezialisierung im Rahmen der Pferdewirtausbildung.

Reittherapie Eine weitere Möglichkeit der Spezialisierung ist das therapeutische Reiten, auch Heilpädagogisches Reiten genannt. Die Hippotherapeuten (wörtlich übersetzt heißt das »Pferdeheiler«) sind im Hauptberuf häufig Physiotherapeuten oder Sozialpädagogen. Sie lassen Kinder und Erwachsene mit körperlichen oder seelischen Problemen auf dafür geeigneten, ausgeglichenen Pferden reiten. Die Körperwärme und die rhythmischen Bewegungen des Tiers entspannen verkrampfte Muskeln. Das Zusammensein mit dem Pferd und die Notwendigkeit, im Umgang mit ihm seine Reaktionen wahrzunehmen und auf die eigenen Körperbewegungen zu achten, hilft manchen Kindern, sich besser konzentrieren zu lernen. Und Rollstuhlfahrer und andere Menschen, deren Bewegungsfähigkeit eingeschränkt ist, genießen auf dem Pferderücken das Gefühl, mobil zu sein.

Ein Tag in einem Pferdestall Ein typischer Tag in einer Reitschule oder auf einem Ponyhof sieht so aus:

8:00 Uhr	Füttern (Heu, Kraftfutter)
10:00 Uhr	Herausführen der Pferde auf Ausläufe oder Weiden, anschließend Ausmisten der Ställe oder Boxen, Ausbringen der frischen Einstreu; Kontrollieren, ob Tränken und Krippen sauber sind
12:30 Uhr	Füttern (Heu)
14:00–19:00 Uhr	Reitbetrieb (Reitstunden, Ausritte …)
20:00 Uhr	Füttern (Heu, Kraftfutter)
22:00 Uhr	Letzter Kontrollgang durch die Ställe

Heilpädagogisches Reiten: Die Therapeutin hilft, das eigene Gleichgewicht zu finden.

Training für Polizeipferde: Die Tiere sollen auch in der Nähe von Feuer gelassen bleiben.

Pferdeställe und Ausläufe müssen jeden Tag ausgemistet werden.

Mit Pferden arbeiten

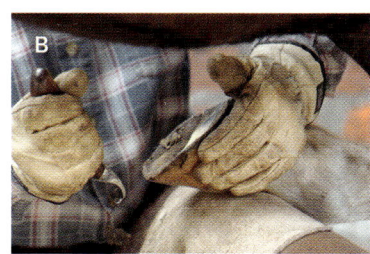

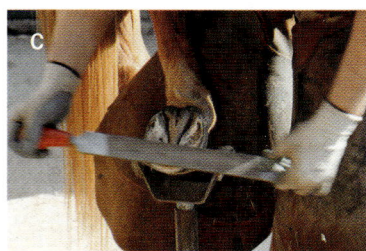

Wie werde ich Schmied?

Voraussetzung zur Ausbildung zum Hufbeschlagschmied, wie der Beruf korrekt heißt, ist eine abgeschlossene Berufsausbildung möglichst in der Metallverarbeitung. Bei einem vierwöchigen Lehrgang lernt man dann den Beruf kennen und kann sich entscheiden, ob man ihn wirklich wählen will. Die eigentliche Ausbildung besteht aus einem zweijährigen Praktikum bei einem Hufbeschlagschmied und einem vier- bis fünfmonatigen Kurs, in dem man die Anatomie des Pferdes studiert und lernt, selbst Hufeisen zu schmieden. Wenn man die Prüfung besteht, kann man sich als staatlich geprüfter Hufbeschlagschmied selbstständig machen.

Janis Neurand vor seiner mobilen Schmiede

A Das Eisen wird abgenommen.
B Der Huf wird eingekürzt.
C Feinarbeit mit der Feile.
D Das Eisen wird in Form gebracht …
E … und aufgebrannt.
F Nach dem Beschlag werden die Hufnägel versenkt.

Gesundheit! Tierärztin und Schmied

Häufige Gäste im Reitstall sind Tierarzt und Schmied. Sie sorgen dafür, dass es den Pferden gut geht und sie gesund bleiben. Beide benötigen für ihren Beruf eine mehrjährige Ausbildung. In diesem Kapitel berichten der Schmied Janis Neurand und die Tierärztin Dr. Nicole Schumann von ihrer Arbeit.

Fragen an den Schmied Janis Neurand

Warum müssen Pferde eigentlich zum Schmied?
Pferdehufe wachsen wie unsere Fingernägel. Bei den meisten Hauspferden nutzen sie sich nicht gleichmäßig ab. Der Schmied kürzt sie rundum auf optimale Länge ein. Bei Bedarf passt er dem Pferd auch einen Hufbeschlag an.

Brauchen alle Pferde Hufeisen?
Nicht unbedingt. Viele kommen auch als sogenannte Barhufgänger gut zurecht. Ob ein Pferd »ohne« gehen kann, hängt von der Qualität seiner Hufe ab, von der Arbeit, die es verrichtet, und von dem Boden, auf dem es geht. Wenn ein Pferd Hufeisen trägt, wird das Hufhorn direkt unter dem Beschlag mürber. Das dämpft den Tritt und ist für empfindliche Pferde angenehmer. Eine ähnliche Wirkung haben Beschläge aus Kunststoff.

Brauchen wild lebende Pferde wirklich keinen Schmied?
Das kommt darauf an. Pferde, die seit vielen Generationen wild leben, haben meist infolge natürlicher Auslese gute Hufe. Diese nutzen sich ziemlich gleichmäßig ab, wenn die Tiere viel auf harten Böden unterwegs sind, wie es z. B. bei den australischen Brumbys der Fall ist.

Gibt es auch Schmiedinnen?
Ja, und es werden auch immer mehr!

Sind Sie schon mal getreten worden?
Eigentlich nicht. Ich arbeite grundsätzlich nur mit schmiedefrommen Pferden, also solchen, die sich nicht gleich aufregen, wenn sie mich sehen.

Durch sanftes Ziehen am Schwanz dehnt die Chiropraktikerin die Wirbelsäule. Die meisten Pferde finden das sehr angenehm. Trotzdem keinesfalls nachmachen!

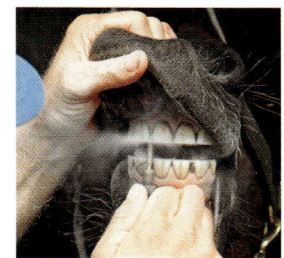

Fehlt auch nichts? So sehen Dental-instrumente für Pferde aus.

Fragen an die Tierärztin, Chiropraktikerin und Pferdezahnärztin Dr. Nicole Schumann

Warum müssen Pferde zum Zahnarzt?

Pferdezähne wachsen fast ein Leben lang nach, pro Jahr etwa um 2 mm. Anders als freilebende Pferde bekommen Pferde in Menschenobhut Kraftfutter. Beim Zermahlen der Getreidekörner nutzen sich die Backenzähne ungleichmäßig ab und müssen daher regelmäßig abgeschliffen werden. Andernfalls bilden sich scharfe Kanten oder das Pferd kaut schief, was sich wie beim Menschen auf den gesamten Bewegungsapparat negativ auswirkt.

Bohren Sie auch?

Nein, eher kommt es vor, dass ein Zahn gezogen werden muss, weil er z. B. durch den Biss auf einen Stein beschädigt wurde und sich entzündet hat. Bei manchen Pferden müssen die sogenannten Wolfszähne gezogen werden. Sie sitzen zwischen den Schneide- und den Backenzähnen, haben keine Funktion und würden das Pferd stören, wenn es eine Trense oder Kandare im Maul hat.

Was macht eine Chiropraktikerin?

Ich behandle Pferde, die ohne erkennbare Ursache lahmen, sich nicht gerne reiten lassen oder merklich verspannt sind. Ich lasse mir das Pferd vorführen und vorreiten, taste es ab und untersuche das Gebiss. Bewegungsstörungen können vielfältige Ursachen haben, deshalb arbeite ich eng mit Schmieden und Sattlern zusammen.

Schön stillhalten und »Aaah« sagen!

Wie werde ich Tierarzt? Um Tierarzt oder Tierärztin zu werden, muss man 12 Semester, also sechs Jahre lang, Veterinärmedizin (Tiermedizin) studieren und zwischendurch immer wieder bei Tierärzten und in Tierkliniken Praktika machen. Die meisten angehenden Tierärzte entscheiden sich dafür, nur Kleintiere oder nur Großtiere zu behandeln. In einen Pferdestall kommt der Tierarzt meist, um zu impfen, um nach den Gründen für eine plötzlich aufgetretene Lahmheit zu suchen oder um eine Kolik zu behandeln.

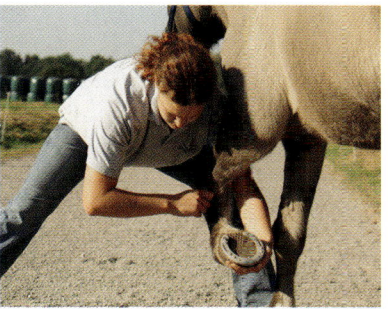

Dr. Nicole Schumann, Tierärztin und Chiropraktikerin, bei der chiropraktischen Behandlung eines Pferdes

Sattler stellen Sättel, Gurte und Zaumzeug her, reparieren sie und prüfen, ob ein Sattel passt.

Mit Pferden arbeiten

Züchten

Pferdezüchter (siehe auch S. 54) können von der Ausbildung her Landwirte sein oder Pferdewirte, die sich für den Berufszweig »Pferdezucht« entschieden hatten. Daneben gibt es viele Menschen, die in anderen Berufen tätig sind, jedoch aus Begeisterung für Pferde allgemein oder bestimmte Rassen im Besonderen zu züchten begonnen haben. Züchter sind Mitglied in Pferdezuchtverbänden oder in auf einzelne Rassen spezialisierten Vereinen. Sie stellen ihre Zuchttiere und deren Nachwuchs auf Zuchtschauen vor, wo Aussehen, Körperbau, Reiteigenschaften und Charakter der Tiere von Richtern beurteilt

Eine Pferdeauktion

werden. Junge Hengste und Stuten, die in der Zucht eingesetzt werden sollen, werden zu mehrtägigen Leistungsprüfungen geschickt, die häufig in den Landgestüten abgehalten werden. Bei bestandener Prüfung werden sie in Zuchtbücher eingetragen, also als für die Zucht geeignet registriert. Bei Hengsten nennt man diese Prüfung auf Eignung für die Zucht »Körung«.

Sportliche Wettbewerbe, bei denen Pferde Kraft, Ausdauer, Geschick, Gehorsam und Schnelligkeit unter Beweis stellen, sind im Grunde ebenfalls Zuchtprüfungen. Bei Spring- oder Dressurturnieren, Westernwettbewerben, Distanzritten, Galopp- und Trabrennen wie auch den Wettbewerben für Gangpferde soll sich zeigen, dass fachgerecht gezüchtete und trainierte Pferde hohe Leistungen erbringen. Hengste und Stuten, die viele Siege verbuchen können, werden dadurch zu begehrten Zuchttieren.

Bei Zuchtprüfungen und Versteigerungen werden vor allem junge Pferde an der Hand vorgeführt.

Reich werden Pferdezüchter machen nicht wirklich das große Geld – es sei denn, sie verfügten bereits vorher über größere Summen, die sie in die Zucht teurer Sportpferde investieren konnten. Denn in jenem Bereich der Welt des Pferdesports, in dem schon Fohlen bei Versteigerungen fünf- oder sogar sechsstellige Verkaufspreise erzielen, lässt sich mit Pferden tatsächlich viel verdienen. Die Eltern der teuren jungen Pferde können zahlreiche namhafte Erfolge nachweisen und an den Nachwuchs werden hohe Erwartungen gestellt. Das junge Pferd wird nur den besten Trainern und Reitern anvertraut, falls der Besitzer es nicht selbst ausbildet. Und wenn es dann keine Siege erzielt, sind die Enttäuschung und der finanzielle Verlust groß. Gewinnt es aber und kann sich in seiner Disziplin einen Namen machen, so steigert es mit jedem Triumph seinen eigenen Wert – als Sportpferd und, sofern es kein Wallach ist, auch als Zuchttier und Mutter oder Vater zukünftiger Champions.

Ratina Z

Totilas

Spitzenverdiener auf vier Hufen

Der Hengst Lomitas (1988–2010), eines der erfolgreichen deutschen Galopprennpferde, brachte seinen Besitzern im Laufe seiner Rennkarriere (19 Starts, 10 Siege) über 700 000 Euro ein, sein 2002 geborener »Kollege« Manduro (18 Starts, 10 Siege) brachte es sogar auf 1 513 996 Euro, und deshalb kann sein Besitzer für ihn bis zu 40 000 Euro Decktaxe verlangen. Die Stute Ratina Z (1982–2010), eines der erfolgreichsten Springpferde, kam auf eine Gewinnsumme (Summe aller im Laufe ihres Lebens erhaltenen Preisgelder) von ungefähr 920 000 Euro. Isabell Werths Wallach Gigolo (1983–2009) »verdiente« auf Dressurturnieren 451 940 Euro. Wohl eines der teuersten Pferde, die im Jahr 2010 den Besitzer wechselten, ist der 2000 geborene Hengst Totilas, der 10 bis 15 Millionen Euro gekostet haben soll. Dieses Ausnahme-Dressurpferd soll den Vorbesitzern allein in der ersten Hälfte des Jahres 2010 über 100 000 Euro eingebracht haben.

Traumpferde

Berühmter noch als die »echten« Traumpferde wie Gigolo und Totilas sind die vierbeinigen Helden aus Büchern und dem Fernsehen. Zu den bekanntesten Stars auf vier Hufen zählen sicher Fury aus der gleichnamigen Fernsehserie, Iltschi und Hatatitla, die eden Rapphengste von Winnetou und Old Shatterhand, Lucky Lukes kluges und freches Pferd Jolly Jumper, der Hengst Black Beauty, Held von Anna Sewells berühmtem Roman von 1877 und einem wunderschönen Kinofilm, und natürlich auch die Stute Mississippi aus Cornelia Funkes spannendem Roman *Hände weg von Mississippi*.

Pierre Brice mit dem Rappen, der Iltschi darstellt, bei Dreharbeiten 1979

Gestüte und Zuchtgebiete

Staats- oder Landgestüte haben die Aufgabe, bestimmte, für eine Region typische Pferderassen zu erhalten und zu verbessern. In ihren Stallungen und auf ihren Weiden leben die Zuchthengste und die Mutterstuten mit ihren Fohlen. Damit möglichst viele Züchter ihre Stuten von den anerkannten Zuchthengsten decken lassen können, ohne weite Wege zurücklegen zu müssen, »leihen« Gestüte oft einige ihrer Hengste an sogenannte »Hengststationen« aus. Viele Gestüte veranstalten ein- oder mehrmals jährlich besuchenswerte Turniere sowie die meist im September stattfindenden Hengstschauen.

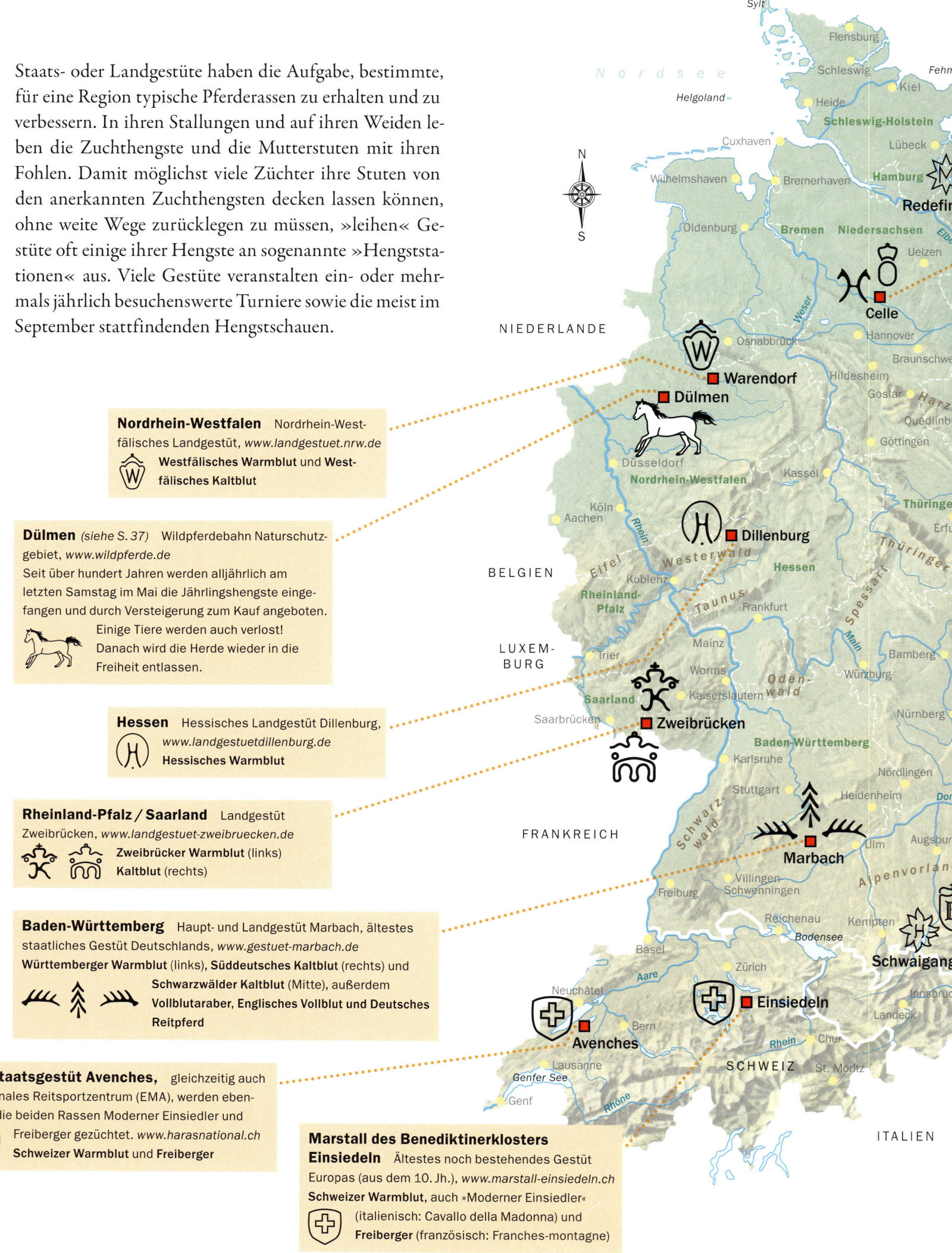

Nordrhein-Westfalen Nordrhein-Westfälisches Landgestüt, *www.landgestuet.nrw.de*
Westfälisches Warmblut und **Westfälisches Kaltblut**

Dülmen (siehe S. 37) Wildpferdebahn Naturschutzgebiet, *www.wildpferde.de*
Seit über hundert Jahren werden alljährlich am letzten Samstag im Mai die Jährlingshengste eingefangen und durch Versteigerung zum Kauf angeboten.
Einige Tiere werden auch verlost! Danach wird die Herde wieder in die Freiheit entlassen.

Hessen Hessisches Landgestüt Dillenburg, *www.landgestuetdillenburg.de*
Hessisches Warmblut

Rheinland-Pfalz / Saarland Landgestüt Zweibrücken, *www.landgestuet-zweibruecken.de*
Zweibrücker Warmblut (links)
Kaltblut (rechts)

Baden-Württemberg Haupt- und Landgestüt Marbach, ältestes staatliches Gestüt Deutschlands, *www.gestuet-marbach.de*
Württemberger Warmblut (links), **Süddeutsches Kaltblut** (rechts) und **Schwarzwälder Kaltblut** (Mitte), außerdem **Vollblutaraber, Englisches Vollblut** und **Deutsches Reitpferd**

Im Staatsgestüt Avenches, gleichzeitig auch Nationales Reitsportzentrum (EMA), werden ebenfalls die beiden Rassen Moderner Einsiedler und Freiberger gezüchtet. *www.harasnational.ch*
Schweizer Warmblut und **Freiberger**

Marstall des Benediktinerklosters Einsiedeln Ältestes noch bestehendes Gestüt Europas (aus dem 10. Jh.), *www.marstall-einsiedeln.ch*
Schweizer Warmblut, auch »Moderner Einsiedler« (italienisch: Cavallo della Madonna) und **Freiberger** (französisch: Franches-montagne)

O s t s e e

Saßnitz

Rügen

stock

Wismar

Mecklenburg-Vorpommern

chwerin

POLEN

Oder

■ Neustadt/Dosse

Berlin

■ Döberitzer Heide

Potsdam

Frankfurt/Oder

Magdeburg

chsen-Anhalt

Brandenburg

Zörbig

Cottbus

■

Halle/Saale

Leipzig

Ⓢ

■ Moritzburg

Sachsen

Dresden

lena

Chemnitz

Erzgebirge

ald

TSCHECHISCHE REPUBLIK

Bayer. Wald

Bayern

Regensburg

ngolstadt

Landshut

Passau

Donau

Linz

Isar

Heldenberg ■ L A

St. Pölten

Stössing ■

Wien

München

Inn

Enns

Neusiedler

See

Wiener Neustadt

■ Ebbs

Salzach

ÖSTERREICH

Mur

Ⓢ

Graz

■

Piber

Drau

Klagenfurt

SLOWENIEN

Mecklenburg-Vorpommern Landgestüt
Redefin, www.Landgestuet-redefin.de
Mecklenburger Warmblut (links)
Mecklenburger Kaltblut (rechts)

Niedersachsen Niedersächsisches Land-
gestüt Celle, www.LandgestuetCelle.de
Hannoveraner Warmblut (links)
Oldenburger Warmblut (rechts)

Berlin-Brandenburg Stiftung Brandenburgisches
Haupt- und Landgestüt, www.neustaedter-gestuete.de
Brandenburger Warmblut (links)
Brandenburger Kaltblut (rechts)

Döberitzer Heide (siehe S. 43) Ausgewilderte Przewalskipferde,
Rothirsche und Wisente helfen in diesem Naturschutzgebiet, eine
natürlich gewachsene Heidelandschaft zu erhalten. Sie leben in einem
eingezäunten Areal, das Menschen nicht betreten dürfen. Doch einige
Tiere werden auch in großen, von Wanderwegen gesäumten Schau-
gehegen gehalten und können hier besucht werden.
www.sielmann-stiftung.de/de/projekte/sielmanns_natur-
landschaften/doeberitzer_heide/index.php

Sachsen-Anhalt Landgestüt Sachsen-Anhalt,
www.landgestuet-sachsen-anhalt.de
Warmblut und Altmärkisches Kaltblut

Sachsen Landgestüt Moritzburg,
www.landgestüt-moritzburg.de
Hauptgestüt Graditz: Sächsisches Warmblut,
Sächsisches Kaltblut, außerdem
Englisches Vollblut und Haflinger

Heldenberg in Niederösterreich
ist die »Sommerfrische« der Lipizzaner der
Spanischen Hofreitschule Wien (siehe S. 25).
Außerdem gibt es in Heldenberg einen Trai-
ningsstall für die edlen Schimmel.
www.derheldenberg.at

Aus der Region Stössing im Salzburger Land
(Österreich) stammt der Noriker. Das Ur-
sprungszuchtbuch wird in Salzburg geführt.

Das Bundesgestüt Piber bei Köflach
ist das Zentrum der heutigen öster-
reichischen Lipizzanerzucht.
www.piber.com

Fohlenhof Ebbs mit Haflingermuseum
Hier erfährt man alles über die liebenswerten
»kleinen Blonden«. www.haflinger-tirol.com
Haflinger

Bayern Haupt- und Landgestüt Schwaiganger,
www.schwaiganger.bayern.de
Bayerisches Warmblut (links)
Süddeutsches Kaltblut (rechts)
Haflinger (Mitte)

Kleines Pferde-ABC

Aalstrich Dunkler Strich auf dem Rücken von Pferden und Eseln, der vom Widerrist bis zum Schweifansatz verläuft. Typisch u. a. für Przewalskipferde

angeritten Ein angerittenes Pferd hat die erste Phase der Ausbildung hinter sich: Es wurde an Sattel und Zaumzeug gewöhnt und hat gelernt, einen Reiter aufsteigen und sich von ihm lenken zu lassen.

eingeritten Ein eingerittenes Pferd verfügt sozusagen über Grundkenntnisse. Es lässt sich reiten, anhalten und lenken, ist aber insgesamt noch nicht sehr geübt und braucht daher einen erfahrenen Reiter.

Fellwechsel Im Frühling und im Herbst fallen Pferden sehr viele Haare aus und werden durch nachwachsende ersetzt. Das Winterfell ist länger, leicht abstehend, dicht und warm, das Sommerfell kurzhaarig, schimmert oft seidig und liegt dicht auf der Haut an.

Fluchttier Pferde sind Fluchttiere. Das bedeutet, dass ihre erste Reaktion bei Gefahr die Flucht ist. Weil der Fluchtreflex sehr stark ausgebildet ist, muss man im Umgang mit Pferden stets vorsichtig sein und es vermeiden, sie zu erschrecken.

Freispringen In der Ausbildung oder im Training lässt man Pferde ohne Reiter frei über Hindernisse springen. Dadurch können sie ihr Sprungvermögen und Gleichgewicht üben und lernen, die Sprünge selbst einzuschätzen.

Gangpferd Pferd, dass neben den drei **Grundgangarten** auch noch die Gangarten Tölt und/oder Pass beherrscht. Die Anlage dazu ist manchen Rassen wie z. B. Islandpferden angeboren (siehe auch **Zelter**).

Gebiss Gebilde aus Metall, Gummi und/oder Kunststoff, das ins Maul des Reit- oder Zugpferdes eingelegt wird. Man unterscheidet zwischen der Trense (einfachem Gebiss) und der mit Hebeln versehenen Kandare. Bei gebisslosen Zäumungen verläuft ein dickerer oder breiterer Riemen quer über den Nasenrücken des Pferdes.

Geschirr Zaum, Riemen und Leinen, die Zugpferden angelegt werden

Gespann Ein Paar Pferde, Esel oder Maultiere, die eine Kutsche, einen Wagen oder Karren ziehen. Je nachdem, wie viele Paare angespannt sind, spricht man von einspännig (zwei Zugtiere), zweispännig (vier Zugtiere) usw. bzw. Vierer- oder Fünferzügen.

Gestüt Pferdezuchtbetrieb, meist auf eine Rasse spezialisiert. Es gibt private Gestüte, Landgestüte und Staatsgestüte. Sie halten Zuchtstuten in größerer Zahl sowie mehrere Zuchthengste.

Grundgangarten Die Mehrheit der Pferde bewegt sich in drei sogenannten Grundgangarten fort: Schritt, Trab und Galopp. In der Ausbildung zum Reitpferd lernen die Tiere, diese Gangarten auf Kommando auszuführen.

halterführig Als halterführig bezeichnet man Pferde, die gelernt haben, sich an Halfter und Führstrick manierlich führen zu lassen.

Handpferd Ein Pferd, das vom Reiter an einem Halfter oder Zaumzeug und Strick beim Reiten an der Hand mitgeführt wird

Kaltblut Kaltblutrassen sind kräftige Pferde, die überwiegend als Zugpferde eingesetzt werden. Von ihrem gesamten Körperbau her eignen sie sich eher für Ausdauer und Kraft als für Schnelligkeit erfordernde Arbeit.

Kardätsche Ovale Bürste mit kurzen Borsten zum Putzen von Pferden

Koppen So nennt man die Angewohnheit mancher Pferde, Luft zu schlucken. Meist werden dabei die Zähne auf den Trog oder Ähnlichem aufgesetzt. Das Koppen kann zu Koliken führen. Dieses Verhalten zeigen vor allem Pferde in Boxenhaltung, die nicht genug Abwechslung und Beschäftigung haben. Eine ähnliche Verhaltensstörung ist das **Weben**.

Kummet Ovales, dick gepolstertes Gestell aus Holz und Leder, das Zugpferden für schwerere Arbeit um den Hals gelegt wird. Am Kummet sind die Leinen befestigt, mit denen das Pferd die Last zieht.

Langhaar nennt man bei Pferden das Haar von Mähne und Schweif. Je nach Rasse wächst es unterschiedlich dick und lang.

Maulesel Ebenso wie das **Maultier** eine Züchtung des Menschen. Ein Maulesel ist das Kind einer Eselstute und eines Pferdehengstes.

Maultier Auch Muli genannt. Vom Menschen gezüchtete Art, die in freier Natur nicht vorkommt. Ein Maultier ist das Kind einer Pferdestute und eines Eselhengstes.

Pferdegesellschaft Pferde leben von Natur aus in Herden. Sie brauchen daher die Gesellschaft von Artgenossen, um gesund und ausgeglichen zu bleiben. In der Herde findet dank der Rangordnung jedes Pferd einen Platz, an dem es sich wohl und geborgen fühlt. Innerhalb der Herde bilden sich meist kleinere Cliquen und Paare von Freunden oder Freundinnen.

Pflanzenfresser Pferde ernähren sich ausschließlich von Pflanzen wie Gräsern, Kräutern, Blättern, Trieben, Samen und Früchten. Anders als Kühe oder Schafe sind Pferde und ihre Verwandten keine Wiederkäuer. Ihre Nahrung wird in dem sehr langen Darm verdaut, der die Nährstoffe herausfiltert. Diese gelangen dann durch die Darmwand in den Kreislauf.

Pony Im allgemeinen Sprachgebrauch ein Pferd bestimmter Rassen mit höchstens 1,48 m Stockmaß. In Deutschland wird zwischen Pony (bis 1,30 m Stockmaß) und Kleinpferd (1,31 bis 1,48 m Stockmaß) unterschieden.

Rasse Eine Gruppe von Pferden (oder anderen Haustieren), die infolge der gezielten Verpaarung von Elterntieren mit bestimmten Eigenschaften und Merkmalen einen eigenen Charakter und ein besonderes Aussehen entwickelt.

Reitlehrer Nicht jeder, der sich in die Reitbahn stellt und Reitunterricht erteilt, ist ein ausgebildeter Reitlehrer. Ein Reitlehrer – heute korrekt Trainer genannt – kann einen Trainerschein und eine entsprechende Berufshaftpflichtversicherung vorweisen.

Rosse Die Rosse ist die Zeit, in der eine Stute fortpflanzungsfähig ist. Sie tritt bei erwachsenen Stuten in mehrwöchigen Abständen auf und dauert einige Tage an. Man sagt dann, die Stute sei »rossig«.

Saumtier Anderer Name für Packtier: ein Pferd, Esel, Maultier, Rentier, Kamel oder Lama, das Lasten trägt

Scheuen Schreckreaktion des Pferdes, das beim Anblick einer tatsächlichen oder eingebildeten Gefahr den Kopf hochreißt, sich aufbäumt oder zur Seite springt. Durch sogenanntes Scheutraining kann man Pferde dazu bringen, weniger schreckhaft zu werden.

Schlag Eine Gruppe innerhalb einer Rasse, die sich durch besondere Merkmale von den anderen Tieren dieser Rasse unterscheidet, z. B. von deutlich schwererem Körperbau ist (»schwerer Schlag«).

Stehmähne sagt man zu einer Mähne, deren Haare so kurz sind, dass sie steif abstehen anstatt herunterzuhängen. Bei Przewalskipferden ist sie angeboren. Bei Norwegerpferden wird sie gerne geschnitten, damit die zweifarbigen Mähnenhaare gut zur Geltung kommen.

Stockmaß Messung des Abstands des **Widerrist**s eines Pferdes vom Boden. Das Stockmaß wird meist mit einer festen Messlatte gemessen und in Zentimetern oder Metern angegeben.

Striegel Oval aus hartem Gummi oder Metall mit hohen Kanten, an denen man die Kardätsche oder andere Bürsten beim Putzen des Pferdes abstreift, um sie von Staub, Sand usw. zu reinigen.

Versammlung Durch Ausbildung und Training wird das Reit- oder Fahrpferd daran gewöhnt, bei der Arbeit eine bestimmte Haltung einzunehmen und den Rücken aufzuwölben. Die Versammlung hat nicht nur einen eleganteren Bewegungsablauf zur Folge, sondern verhindert auch, dass Rücken und Beine falsch belastet werden, was dem Pferd im Laufe der Zeit Schmerzen bereiten würde und es sogar unreitbar machen kann.

Vollblut Ein Pferd der reinge-züchteten, direkt von Araber-pferden abstammenden Rassen (Arabisches Vollblut, Asil-Araber, Englisches Vollblut). »Reingezüchtet« bedeutet, dass keine Pferde anderer Rassen eingekreuzt wurden.

Warmblut Rassen von Reit- oder leichten Zugpferden, in die immer wieder Vollblüter einge-kreuzt wurden

Weben Wie das **Koppen** ein Verhalten, das bei Boxenhaltung durch Langeweile und Einsamkeit verursacht sein kann. Das Pferd pendelt dabei (meist in seiner Box) mit Kopf und Hals hin und her und bewegt sich von einem Vorderbein auf das andere. Diese Verhaltensstörung kann Schäden des Bewegungsappa-rats nach sich ziehen.

Widerrist Teil der Wirbelsäule über der Schulter. Weil die Dornfort-sätze der Wirbel hier länger sind, bildet der Widerrist den höchsten Punkt des Rückens. Die Größe von Pferden (Stockmaß, ab-gekürzt Stckm.) wird stets am Widerrist gemessen.

Wildpferd Die einzige heute noch lebende Wildpferdeart ist das Przewalskipferd. Pferde, die heute in freier Natur und sich selbst überlassen leben, wie z.B. der Mustang in Amerika, bezeichnet man als »wild lebende Pferde«.

Zaumzeug, Zaum oder Zäumung Über das Zaumzeug hält der Reiter Kontakt zum Pferdekopf. Es setzt sich zusammen aus dem aus mehreren Riemen bestehenden Kopfzaum, den Zügeln und dem Gebiss.

Zelter Mittelalterlicher Ausdruck für **Gangpferd**, ein Pferd, das auch in den Gangarten Tölt und/ oder Pass geht. Beide sind für den Reiter mit weniger Erschütte-rungen verbunden.

Pferdemuseum

Deutschland
Deutsches Pferdemuseum Neben vielen Informationen bietet das Pferdemuseum auch Aktionen für Kinder zum Mit- und Selbermachen an. Auf dem Reitsimulator kannst du vor einer großen Leinwand über die Galopprennbahn fliegen, Kutsche fahren oder mithilfe einer »Spiegeloptik« die Welt durch Pferdeaugen betrachten. Ein weiteres Highlight ist die Biblio-thek mit mehr als 15000 Büchern über die Geschichte des Pferdes.
Deutsches Pferdemuseum
Holzmarkt 9
27283 Verden
www.dpm-verden.de

Pferdemessen

Deutschland
Americana Europas größte Messe für Westernreitweisen, alljähr-lich im August/September in Augsburg *www.americana.de*

Equitana Die »Weltmesse des Pferdesports«, in ungeraden Jahren im Februar oder März in Essen *www.equitana.com*

Pferd & Jagd Europas größte Messe für Reiten, Jagen und Angeln, alljährlich im Dezember in Hannover. In der »Nacht der Pferde« werden faszinierende Stunts, Dressuren, Reitcomedy und Reitkünstler gezeigt. *www.heckmanngmbh.de*

Österreich
Apropos Pferd Eine der größten Messen für Pferdesport und -zucht, jährlich im Oktober in Wiener Neustadt *www.arenanova.com*

Pferd Wels Österreichs größte Pferdefachmesse, jährlich im Mai in Wels *www.pferd-wels.at*

Schweiz
BEA Pferd, alljährlich im April/ Mai in Bern *www.beapferd.ch*

OFFA Pferdemesse, jährlich im Rahmen der OFFA Frühlings-messe in April in St. Gallen *www.offa.ch*

Hofreitschulen

Eine Hofreitschule war früher Teil eines Herrscherhauses und stand nur der Regentenfamilie zur Verfügung. Heute sind die noch existierenden Hofreitschulen für Besucher geöffnet. Man kann zu bestimmten Zeiten bei der Arbeit mit den Pferden zu-sehen oder eine der regelmäßigen Vorführungen besuchen.

Deutschland
Fürstliche Hofreitschule Bückeburg Neben dem Marstallmuseum mit rund 1000 Exponaten rund um die Geschichte der Reitkultur fin-den hier von April bis Oktober an den Wochenenden und an vielen zusätzlichen Tagen im Jahr Vorführ-rungen der Reitkunst statt. *www.hofreitschule.de*

Österreich
Spanische Hofreitschule in Wien Die Spanische Hofreitschule ist einer der wichtigsten Orte zur Erhaltung der klassischen Reit-kunst. In den Vorführungen kannst du dir Pferde in unterschiedlichen Stufen ihrer Ausbildung anschauen. *www.srs.at*

Rennbahnen

Sehr viele Großstädte besitzen eine Trab- oder eine Galopp-rennbahn oder sogar beides. Hier eine Auswahl der größten.

Deutschland
Galopprennbahn von Baden-Baden
  www.baden-galopp.com
Galopprennbahn Hoppegarten in Berlin
  www.hoppegarten.com
Galopprennbahn in Bremen
  www.galopprennbahn-bremen.de
Galopprennbahn Düsseldorf
  www.galopp-duesseldorf.de
Galopprennbahn Leipzig
  www.galoppimscheibenholz.de
Trabrennbahn Hamburg Bahrenfeld
  www.trabhamburg.de
Trabrennbahn in München-Daglfing
  www.daglfing.org
Trabrennbahn Straubing
  www.trabrennbahn-sr.de

Kaltblüter Rennen nur für Kalt-blüter, eingespannt oder ungesattelt geritten, finden alljährlich im Frühsommer in Brück (Brandenburg) statt. *www.titanenderrennbahn.de*

Österreich
Wiener Trabrennbahn
  www.krieau.at

Schweiz
Pferderennbahn in Aarau
  www.aarauturf.ch
Pferderennbahn in Avenches
  www.iena.ch
Pferderennbahn in Zürich-Dielsdorf
  www.pferderennen-zuerich.ch

Turniere

Große Städte sind oft Austragungs-orte für internationale Turniere. Besonders bekannt sind:

Deutschland
CHIO Aachen Das internationale Pferdesportturnier findet jähr-lich im Juli statt. Es besteht aus den Disziplinen Springreiten, Dressurreiten, Fahren, Vielseitig-keit und Voltigieren. *www.chioaachen.de*

German Masters Das internatio-nale Reitturnier wird jährlich im November in Stuttgart veranstaltet. Es werden hoch-klassige Springwettbewerbe, elegante Dressuren, rasante Gespannfahrten und schwung-volle Voltigierübungen gezeigt. *www.stuttgart-german-masters.de*

Österreich
Linzer Pferdefestival Eine der bekanntesten Pferdesportver-anstaltungen mit internationalen Spring- und Dressurturnieren der schwersten Klassen *www.linzerpferdefestival.at*

Schweiz
CSIO St. Gallen Bekannte inter-nationale Schweizer Reitsport-veranstaltung mit Schwerpunkt Springen *www.csio.ch*

Register